10,99

TÜRKÇE
ÖĞRENİYORUZ 3
Türkisch aktiv

engin

Yazışma Adresi :	Mehmet Hengirmen
	Süleyman Bey Sok. No: 17 / 11
	Maltepe / ANKARA

Bu eser T.C. Milli Eğitim Bakanlığı Talim Terbiye Kurulunca incelenerek 9. Mayıs. 1983 tarih ve 2138 sayılı Tebliğler Dergisinde, Türkçe öğrenmek isteyen yabancılara ve anadilini bilmeyen Türk çocuklarına tavsiye edilmesi uygun görülmüştür.

Engin Yayınevi : Süleyman Bey Sok. 17/11 06570, Maltepe-Ankara
Basım Tarihi : KASIM 1993
Basımevi : Nurol Matbaacılık A.Ş. 433 32 24 - 25 ANKARA

İÇİNDEKİLER

1   TATİL PROGRAMI

Esen Hanım, kışın Uludağ'da güzel bir tatil yapmıştı. Yazın da aynı şekilde iyi bir tatil yapmak istiyordu. Erksin Hanım ve Cengiz Beyle konuştu. Nerede tatil yapacaklarına bir türlü karar veremediler. Cengiz Bey, Antalya'ya gitmekte ısrar ediyordu. ''Antalya'ya gidersek hem güzel bir tatil yapar, hem de çevrede bulunan tarihî eserleri görürüz.'' diyordu. Esen Hanım ise tatil için Marmaris'i düşünüyordu. Marmaris'te birkaç gün kalıp Bodrum, Köyceğiz, Fethiye gibi yakın yerleri de gezmek istiyordu. Aralarında uzun uzadıya tartıştılar, sonunda bir turizm acentesine gidip sormaya karar verdiler.

Turizm acentesinin genç müdürü onları dikkatle dinledi. Sonra gülerek ''Ben size Mavi Yolculuğa çıkmanızı tavsiye edeceğim.'' dedi. Mavi Yolculuğa çıkarsanız hepinizin istediği olur. Güzel bir yata binersiniz, Marmaris, Bodrum, Fethiye, Antalya gibi yerleri dilediğiniz gibi gezersiniz. Üstelik sahil boyunca antik kentleri görür, ormanları gezer, masmavi, billur gibi tertemiz denizlerde yüzersiniz. Yolunuzun üzerinde rastlayacağınız ıssız adalara uğrar, Robenson gibi yaşarsınız. Şehrin kalabalık gürültüsünden, radyo, televizyon, gazeteden uzak gerçek bir tatil yapar, kafanızı dinlersiniz.

Esen Hanım sevinçle ''Tam benim istediğim tatil.'' dedi. Ama, Cengiz Bey mutlaka Antalya'ya gitmek istiyordu. Bu sebeple bir türlü anlaşamadılar. Cengiz Bey ve Erksin Hanım Antalya'ya gitti. Esen Hanım da Emin Bey ve Kemal Beylerle Mavi Yolculuğa çıkmaya karar verdi.

MAVİ YOLCULUK

Sabahın erken saatiydi. Güneş yeni doğuyordu. Teknedeki herkes uyuyordu. Yalnız Esen Hanım uyanmış, çevredeki doyumsuz güzelliği seyrediyordu. Güneş, denizde yıkanıp çıkan altın bir küre gibiydi. Pırıl pırıl ışıklarıyla gecenin karanlığını yok etmişti. Altın bir gün başlıyordu. Sular masmaviydi. Tekne, arkasında bembeyaz köpükler bırakarak ilerliyordu. Tatlı bir rüzgâr Esen Hanımın saçlarını okşuyordu. Balıklar da güneşin ilk ışıklarıyla uyanmış, tekneyle yarış yapıyordu. Bu sırada Esen Hanım teknenin sağ yanında iki büyük yunus balığı gördü. Gözlerine inanamadı. Yunuslar teknenin peşine takılmış, suya bir dalıp bir çıkarak onları takip ediyorlardı. Esen Hanım manzaranın güzelliğinden sanki büyülenmiş, kendini tatlı bir rüyada sanıyordu. Yunuslar az sonra teknenin peşini bıraktılar. Engin, uçsuz bucaksız sularda kayboldular.

Teknede Esen Hanımdan sonra ilk uyanan Emin Bey oldu. Daha sonra Kemal Bey, Rail Hanım, Tekin Bey ve Gülay Hanım uyandılar. Tekin Bey uyanır uyanmaz "Çay hazır mı?" diye sordu. Emin Bey ona kızdı. "Yahu yemekten içmekten başka bir şey düşünmüyorsun. Hele gel de şu manzaranın güzelliğine bir bak." dedi. Tekin Bey uykulu uykulu gözlerini oğuşturdu. Çevresine bir bakındı, sonra hemen kahvaltı hazırlamaya koyuldu. Kemay Bey teknenin çevresinde dolaşan balıkları gördü. Balıkları yakalamak için hemen oltalarını hazırladı.

Güneş iyice yükselmişti. Tekne açık denizde hızla yol alıyordu. Herkes uyandığı için kaptan motor gürültüsüne bakmadan tam yol ilerliyordu. Kemal Bey kaptanın hızlı gitmesinden hoşlanmadı. Teknenin kıyıya paralel, yavaş yavaş hareket etmesini istiyordu. Böylece daha rahat balık yakalayabilirdi. Kaptana niçin hızlı gittiğini sordu. Kaptan "Deniz de insanlara benzer. Genellikle geceleri uyur, sabahları durgun olur. Ama biraz sonra uyanırsa dalga çıkar. Açık denizde perişan oluruz. Bir an önce Kekova'ya varmak istiyorum." dedi. Kemal Bey, kaptana hak verdi.

Esen Hanım ile Gülay Hanım kahvaltı hazırlamakta Tekin Beye yardımcı olmak istediler. Kemal Bey "Kahvaltıyı Kekova'da yapacağız. Siz şimdilik sıcak bir çay hazırlayın yeter." dedi. Esen Hanım ve Gülay Hanım aşağıdaki kamaraya indiler. Mutfakta çay pişirdiler. Sonra güverteye servis yaptılar. Bu sırada tekne de Kekova'ya gelmişti. Kaptan sahile demir attı. Hepsi neşe içinde çaylarını içerken Kekova'da gezecekleri yerler üzerine sohbete başladılar.

9

KEKOVA

Emin Bey : Biliyor musunuz, Kaptan Cousteau, Kekova'ya gelmiş ve bu-
rada uzun süren araştırmalar yapmış.

Kemal Bey : Biliyoruz, Kaptan Cousteau'yu duymayan kaldı mı? Televiz-
yonda daima onun sualtı araştırmalarını izliyoruz.

Rail Hanım : Kekova'nın özelliği nedir?

Emin Bey : Şu çaylarınızı için, az sonra sizleri gezdireceğim. Kekova, dün-
yanın cenneti olarak kabùl edilir. Mavi Yolculuğun en güzel
durak noktasıdır.

Kemal Bey : Hem güzel, hem de çok enteresan bir yer.

Gülay Hanım : Neresi enteresan?

Kemal Bey : Bu teknenin altında bir kent var.

Gülay Hanım : Bizim teknenin altında mı?

Kemal Bey : Evet, bizim teknenin altında ve Kekova'nın her yerinde batık
bir kent var. Az sonra göreceksiniz, birçok ev duvarlarının bir
kısmı denizin dışında, bir kısmı denizin içinde. Bilim adamla-
rının tahminlerine göre eskiden bir deprem olmuş. Her şey su-
lara gömülmüş. ·

Esen Hanım : Burada bir de kale varmış.

Emin Bey : Kale olduğu gibi sağlam duruyor. İçinde bir de küçük antik
tiyatro var. Bu kaleye çıkacağız. Fotoğraf makinelerinizi şim-
diden hazırlayın. Tepeden inanılması güç bir güzellik görecek-
siniz.

Gülay Hanım : Burada deprem ne zaman olmuş ve kimler yaşamış?
Kemal Bey   : Hiç kimse bir şey bilmiyor. Şimdilik her şey tahminden iba-
              ret. Yalnız denizin içinde ve karada pek çok Likya tipi lahitler
              var. Demek ki bir zamanlar burada Likyalılar yaşamışlar. Ama
              burada hangi kent vardı? Ne zaman sulara gömüldü? Kale kö-
              yünün halkı buraya ne zaman geldi? Hiç kimse bilmiyor. Bu-
              rası şimdilik bir sırdır. Sır olarak da kalacağa benziyor.
Esen Hanım : Ben çok merak ettim. Çaylarınızı içtiyseniz bir an önce Keko-
              va'yı gezelim.
Tekin Bey   : Kahvaltıyı ne zaman yapacağız?
Kemal Bey   : Tamam, bu adamın aklı fikri hep yemekte. Kardeşim sen yol-
              da kahvaltını yapmadın mı? Ben seni bir şeyler atıştırırken
              gördüm.
Tekin Bey   : Siz kahvaltıyı burada yapacağınızı söylemediniz mi? Ben de
              çok az yedim. Şimdi karnım zil çalıyor.
Kemal Bey   : Biz henüz hiçbir şey yemedik. Çaylarımız bitti. Kekova Res-
              torana gidelim. Orada güzel bir kahvaltı yapalım. Sonra da Ke-
              kova'yı gezelim.
Rail Hanım : Kekova'da ne kadar kalacağız?
Emin Bey   : İstediğiniz kadar. Ama, buraya en az iki gün ayırmak gerek.
Gülay Hanım : Kekova'dan sonra nereye gideceğiz?
Emin Bey   : Demre'de St. Nikolas Kilisesine gidip Noel Baba'yı ziyaret e-
              deceğiz.

Dilbilgisi:

Bileşik Eylem Zamanları:

Zaman ekleri üzerine imek eyleminin hikâye, rivayet ve şart ekleri getirilerek bileşik eylem zamanları yapılır.

Şimdiki zamanın hikâyesi: şimdiki zaman + imek eyleminin hikâyesi

geliyor + idim : geliyordum
geliyor + idin : geliyordun
geliyor + idi   : geliyordu
geliyor + idik : geliyorduk
geliyor + idiniz: geliyordunuz
geliyor + idiler : geliyorlardı

Kaptan açık denizde oldukça hızlı yüzüyordu.
Tekne,arkasında bembeyaz köpükler bırakarak ilerliyordu.
Sabahleyin güneş yeni doğuyordu.
Cengiz Bey Antalya'ya gitmek istiyordu.
Esen Hanım hayranlıkla manzarayı seyrediyordu.

Geniş zamanın hikâyesi: geniş zaman + imek eyleminin hikâyesi

gelir + idim: gelirdim

Vakit olsa, sana mutlaka gelirdim.
Param olsa, Mavi Yolculuğa çıkardım.
Dün gelseydin, mutlaka beni görürdün.
Erken kalksaydın, balıkları yakalardın.
Geleceğini bilseydim, mektup yazmazdım.
Orada olsaydın, gördüklerine inanamazdın.

Gelecek zamanın hikâyesi: gelecek zaman + imek eyleminin hikâyesi

gelecek + idim: gelecektim

Antalya'ya gidecektim, işim vardı gidemedim.
Dün gece sana gelecektim, misafirim vardı gelemedim.
Erksin Hanım Mavi Yolculuğa çıkacaktı, Cengiz Bey istemedi.
Kemal Bey balık tutacaktı, tekne çok hızlı gittiği için tutamadı.
Gürültü olmasaydı, Tekin Bey uyanmayacaktı.
Rüzgâr çıkmasaydı, kaptan hızlı gitmeyecekti.

Belirsiz geçmiş zamanın hikâyesi: belirsiz geçmiş zaman + imek eyleminin hikâyesi

gelmiş + idim: gelmiştim

Güzel bir tatil programı yapmıştım, fakat uygulayamadım.
Dün gece bize misafirler gelmişti, bu yüzden sana telefon edemedim.
Vakit öğle olmuştu, Tekin Bey hâlâ uyuyordu.
Esen Hanım kışın Uludağ'a gitmişti, yazın da Mavi Yolculuğa çıktı.

Belirli geçmiş zamanın hikâyesi: belirli geçmiş zaman + imek eyleminin hikâyesi

geldi + idim: geldiydim

Belirli geçmiş zaman ünlü ile bittiği için araya -y- koruyucu ünsüzü girer: gel-di-y-di-m

Dün sana geldiydim, sen evde yoktun.
Parayı Ahmet'e verdiydim, sana vermedi mi?
Mektubu dün akşam yazdıydım, fakat postaya veremedim.
Çantamı yanıma aldıydım, nerede unuttum bilemiyorum.

Dilek-şart kipinin hikâyesi:dilek-şart kipi + imek eyleminin hikâyesi

gelse + idim: gelseydim

Dilek-şart ekinden sonra araya -y- koruyucu ünsüzü girer: gel-se-y-di-m

İzmir'e gelseydim, sana mutlaka uğrardım.
Bana gelseydin, sinemaya birlikte giderdik.
Benzin bitmeseydi, tam zamanında İstanbul'da olacaktık.
Kemal Bey, tekne hızlı gitmeseydi, balık tutacaktı.

Keşke tekne biraz yavaş gitseydi.
Keşke sen de Mavi Yolculuğa gelseydin.
Keşke bu sabah erken uyansaydım.
Keşke ben de balık tutabilseydim.
Öğle vakti biraz güneşlenseydim.
Akşam, yemeği az yeseydim.

İstek kipinin hikâyesi: istek kipi + imek eyleminin hikâyesi

gele + idim: geleydim

İstek ekinden sonra araya -y- koruyucu ünsüzü girer: gel-e-y-di-m

Şu mektubu postaya ataydın.
Parayı Ahmet'e verdim, keşke sana vereydim.
Tekin Bey biraz daha uyuyaydı.
Keşke Erol'u bu gece bize çağıraydık.

Gereklilik kipinin hikâyesi: gereklilik kipi + imek eyleminin hikâyesi

gelmeli + idim: gelmeliydim

Gereklik ekinden sonra araya -y- koruyucu ünsüzü girer: gel-meli-y-di-m

Bugün çok balık tutmalıydım.
İlk gün güneşte çok kalmamalıydın.
Sabahki manzarayı bir de sen görmeliydin.
Kekova'da iki günden az kalmamalıydınız.
Köpekbalığı olan yerlerde denize girmemeliydiniz.

BİLEŞİK EYLEM ZAMANLARI

Şimdiki zamanın hikâyesi:

geliyordum	gelmiyordum
geliyordun	gelmiyordun
geliyordu	gelmiyordu
geliyorduk	gelmiyorduk
geliyordunuz	gelmiyordunuz
geliyorlardı	gelmiyorlardı
(geliyordular)	(gelmiyordular)

Geniş zamanın hikâyesi

gelirdim	gelmezdim
gelirdin	gelmezdin
gelirdi	gelmezdi
gelirdik	gelmezdik
gelirdiniz	gelmezdiniz
gelirlerdi	gelmezlerdi
(gelirdiler)	(gelmezdiler)

Gelecek zamanın hikâyesi

gelecektim	gelmeyecektim
gelecektin	gelmeyecektin
gelecekti	gelmeyecekti
gelecektik	gelmeyecektik
gelecektiniz	gelmeyecektiniz
geleceklerdi	gelmeyeceklerdi
(gelecektiler)	(gelmeyecektiler)

Belirli geçmiş zamanın hikâyesi

geldiydim	gelmediydim
geldiydin	gelmediydin
geldiydi	gelmediydi
geldiydik	gelmediydik
geldiydiniz	gelmediydiniz
geldilerdi	gelmedilerdi
(geldiydiler)	(gelmediydiler)

Belirsiz geçmiş zamanın hikâyesi

gelmiştim	gelmemiştim
gelmiştin	gelmemiştin
gelmişti	gelmemişti
gelmiştik	gelmemiştik
gelmiştiniz	gelmemiştiniz
gelmişlerdi	gelmemişlerdi
(gelmiştiler)	(gelmemiştiler)

Dilek-şart kipinin hikâyesi

gelseydim	gelmeseydim
gelseydin	gelmeseydin
gelseydi	gelmeseydi
gelseydik	gelmeseydik
gelseydiniz	gelmeseydiniz
gelselerdi	gelmeselerdi
(gelseydiler)	(gelmeseydiler)

İstek kipinin hikâyesi

geleydim	gelmeyeydim
geleydin	gelmeyeydin
geleydi	gelmeyeydi
geleydik	gelmeyeydik
geleydiniz	gelmeyeydiniz
geleydiler	gelmeyeydiler

Gereklilik kipinin hikâyesi

gelmeliydim	gelmemeliydim
gelmeliydin	gelmemeliydin
gelmeliydi	gelmemeliydi
gelmeliydik	gelmemeliydik
gelmeliydiniz	gelmemeliydiniz
gelmelilerdi	gelmemelilerdi
(gelmeliydiler)	(gelmemeliydiler)

Alıştırmalar:

1. Lütfen cevap veriniz.

1. Teknede kim erken kalkıyor? ....
2. Kahvaltıyı kim hazırlıyor?   ....
3. Balıkları kim yakalıyor?   ....
4. Kaptan niçin hızlı gidiyor?   ....
5. Kaptan nereye gitmek istiyor? ....
6. Kahvaltıyı nerede yapıyorlar? ....

2. Lütfen şimdiki zamanın hikâyesine çeviriniz.

> Güneş yeni doğuyor.— Güneş yeni doğuyordu.

1. Teknedeki herkes uyuyor.   ....
2. Esen Hanım güneşi seyrediyor. ....
3. Tatlı bir rüzgâr esiyor.   ....
4. Tekne hızla ilerliyor.   ....
5. Tekin Bey hâlâ uyuyor.   ....
6. Gülay Hanım çay pişiriyor. ....
7. Kemal Bey balık yakalıyor. ....
8. Rail Hanım güneşleniyor   ....

3. Lütfen geniş zamanın hikâyesine çeviriniz.

> Şansım olsa, balık tutarım.— Şansım olsa, balık tutardım.

1. Vaktim olsa, tatile çıkarım. ....
2. Erken kalksan, çay içersin. ....
3. Hızlı gitsek, Kekova'ya varırız. ....
4. Güneşte kalsan, çok yanarsın. ....
5. Kahvaltıda genellikle çay içeriz. ....
6. Hergün en az on balık tutarım. ....
7. Tatilde Ankara'da kalırım. ....
8. Her yaz İstanbul'a giderim. ....

4. Lütfen gelecek zamanın hikâyesine çeviriniz.

> Denizde yüzmek istedim. Su çok soğuktu, yüzemedim.
> Denizde yüzecektim, su çok soğuktu yüzemedim.

1. Geçen hafta sinemaya gitmek istedim. Misafirler geldi, gidemedim.

....

2. Dün bir kitap almak istedim. Param yoktu, alamadım.

....

3. Öğretmene cevap vermek istedim. Zil çaldı, veremedim.

....

4. Mavi Yolculuğa çıkmak istedim. Eşim razı olmadı, çıkamadım.

....

5. Ders çalışmak istedim. Uykum geldi, çalışamadım.

....

5. Lütfen belirli geçmiş zamanın hikâyesine çeviriniz.

> Dün okula geldim. Sen yoktun. — Dün okula geldiydim, sen yoktun.

1. Kitabı sana verdim. Okudun mu? ....
2. Bileti aldım. Sonradan bulamadım. ....
3. Dün sana mektup yazdım. Aldın mı? ....
4. Anahtarı masaya bıraktım. Gördün mü? ....
5. Akşam geç geldim. Duydun mu? ....
6. Sana haber bıraktım. Aldın mı? ....

6. Lütfen belirsiz geçmiş zamanın hikâyesine çeviriniz.

> Kemal Bey çok balık tutmuş. — Kemal Bey çok balık tutmuştu.

1. Esen Hanım Uludağ'a gitmiş.   ....
2. Tekin Bey çok uyumuş.   ....
3. Emin Beyler, Kekova'ya gitmişler.   ....
4. Mehmet Bey çay içmemiş.   ....
5. Gülay Hanım, Kekova'yı görmemiş.   ....
6. Vakit öğle olmuş.   ....
7. Rail Hanım güneşte çok yanmış.   ....
8. Kaptan çok hızlı gitmiş.   ....

7. Lütfen dilek-şart kipinin hikâyesine çeviriniz.

> Mavi yolculuğa çıksam, iyi bir tatil yaparım.
> Mavi yolculuğa çıksaydım, iyi bir tatil yapardım.

1. İyi yüzme bilsem, karşı adaya kadar yüzerim.

....

2. Cengiz Bey bizimle gelse, daha iyi eğleniriz.

....

3. Erksin Hanım gelmese, tatile yine çıkacağız.

....

4. Güneş doğmasa, her taraf karanlık olacak.

....

5. Gürültü olmasa, yunuslar tekneyi takip edecek.

....

8. Lütfen dilek-şart kipinin hikâyesine çeviriniz.

> Keşke sen de bizimle gelsen — Keşke sen de bizimle gelseydin.

1. Keşke ben de sizinle gitsem. ....
2. Ben de güzel olsam. ....
3. Sen artist olsan. ....
4. Keşke bu yıl okulu bitirsem. ....
5. Ömür boyu beraber olsak. ....
6. İnsanlar birbirini sevse. ....

9. Lütfen istek kipinin hikâyesine çeviriniz.

> Seninle birlikte yüzeyim. — Seninle birlikte yüzeydim.

1. Sabahleyin erken kalkayım. ....
2. Kahvaltıyı Kekova'da yapalım. ....
3. Yazın Marmaris'te kalalım. ....
4. Ben bugün gitmeyeyim. ....
5. Sen de bizimle gelesin. ....
6. O filmi ben de göreyim. ....

10. Lütfen soru cümlesine çeviriniz.

> Esen Hanım geliyordu. — Esen Hanım geliyor muydu?

1. Tekne Kekova'ya doğru gidiyordu. ....
2. Kemal Bey balık tutuyordu. ....
3. Emin Bey erken kalkardı. ....
4. Tekne hızlı gitmeliydi. ....
5. Cengiz Bey Antalya'ya gidecekti. ....
6. Mavi Yolculuğa çıkmamıştı. ....
7. Kaptan sualtı şehrini görmüştü. ....
8. Emin Beyler kaleye çıkacaklardı. ....
9. Kemal Beyler balık tutacaklardı. ....
10. Gülay Hanımlar güneşlenmişlerdi. ....

20

11. Lütfen gereklilik kipinin hikâyesine çeviriniz.

> Kıyıdan fazla açılmamalıyız. — Kıyıdan fazla açılmamalıydık.

1. Güneşte az kalmalıyız. ....
2. Antalya'ya mutlaka uğramalıyız. ....
3. Kekova'da bir hafta kalmalısınız. ....
4. Arkadaşlarına iyi davranmalısın. ....
5. Bu kadar geç uyanmamalısın. ....
6. Güneşin doğuşunu seyretmelisin. ....
7. Kendini suçlamamalısın. ....
8. Bu yaz iyi bir tatil yapmalıyım. ....

2

NOEL BABA'NIN KENTİNE HAREKET

Esen Hanım : Kaptana sordun mu, Kekova ile Myra arası ne kadar sürüyormuş?

Emin Bey : Sordum, normal hızla gidersek iki saat sonra orada olacakmışız.

Esen Hanım : Çok güzel, demek iki saat sonra Noel Baba'nın kilisesini ve onun yaşadığı yerleri görebileceğiz.

Emin Bey : Kaptanın söylediğine göre kıyıya yaklaşmamız zor olacakmış.

Esen Hanım : Neden?

Emin Bey : Çünkü, kıyı çok sığmış. Yat kıyıya fazla yanaşamıyormuş. Bota binip kıyıya öyle çıkmamız gerekiyormuş. Tabii bu da bir hayli zaman alacak. Üstelik deniz dalgalı olursa botu batırabilirmiş.

Esen Hanım : Aman Allah esirgesin. Deniz burada çok durgun. İnşallah Demre'de de durgun olur.

Emin Bey : Bizim arkadaşlarla konuştum. Onlar, Noel Baba'nın kilisesine gelmeyeceklermiş.

Esen Hanım : Nasıl olur? Bütün dünya her yıl başında Noel Baba'yı kutluyor. İnsan nasıl olur da onun yaşadığı yerleri merak etmez?

Emin Bey : Kıyıya botla gitmekten korkuyorlarmış.

Esen Hanım : Peki, biz gidince onlar ne yapacaklarmış?

Emin Bey : Kıyıya yakın bir yerde bir çay denize karışıyormuş. Burada yüzmesi çok zevkli oluyormuş. Çünkü denizin üstü soğuk altı ılıkmış. Kemal Bey balık tutacak, Tekin Bey, Rail Hanım ve Gülay Hanım da burada yüzeceklermiş.

Esen Hanım : Kendileri bilirler. Böyle bir fırsat her zaman ele geçmez. Myra'da Likyalılar zamanından kalma çok güzel bir antik tiyatro varmış. Gitmişken onu da görelim mi?

Emin Bey : Çok iyi olur. Bu tiyatronun yalnız Likya'da değil, bütün antik dünyada bir tane olduğunu söylüyorlar.

ANTİK

TİYATRODA

Esen Hanım : Burası çok güzel bir yer. Ne iyi ettik de geldik.

Emin Bey : İnsan her yerde denize girebilir. Ama, böyle doğa güzellikleriyle kaynaşmış tarihî eserleri her yerde göremez. Bence Myra çok önemli bir yer.

Esen Hanım : Myra hakkında bilgin var mı?

Emin Bey : Myra üzerine bir şeyler okudum. Burada eskiden Likyalılar yaşarmış. Bu tiyatroyu da Likyalılar yapmış. Likyalılar ölülerini kayaların içine oydukları mezarlara gömerlermiş. İşte şu karşıda tiyatronun üzerinde kayalar içine oyulmuş mezarların hepsi Likyalılara ait.

Esen Hanım : Likyalılar neden ölülerini kaya mezarların içine gömüyorlarmış?

Emin Bey : Bilmem ki, burada olsalardı sorardık.

Esen Hanım : Şaka yapma, Likyalılar ne zaman yaşamış?

Emin Bey : M.Ö. V. yüzyılda Myra kentini kurmuşlar. O zamanlar Myra çok önemli bir kentmiş. Myra ile Limyra arasında gemi seferleri yapılıyormuş. M.S. IV. yüzyılda St. Nikolas Myra'da piskopos olmuş.

Esen Hanım : St. Nikolas'ın öteki adı da Noel Baba değil mi?

Emin Bey : Evet. Myra, Noel Baba'nın kenti olduğu için de çok ünlü.

Esen Hanım : Kim bilir burada kimler yaşamıştır? Şu tiyatroda yüzlerce oyun oynanmış, binlerce seyirci bunları izlemiştir.

Emin Bey : Dünya da bir tiyatro sahnesine benzer. Milyonlarca insan gelir, oyununu oynar, sonra çeker gider. Değişen sadece kostümler ve isimlerdir. Hayyam'ın şu dörtlüğünü çok severim:

Gerçekten bir kukla sahnesindeyiz
Kuklacı felek usta, kuklalalar da biz
Sahneye çıkıyoruz birer ikişer
Bitti mi oyun sadıktayız hepimiz.

Esen Hanım : Bu güzellikler insanı hem şair, hem filozof yapar. Bakın biz de hemen felsefeye başladık.

Emin Bey : Haklısın, sözü fazla uzatmadan gidelim. Sıcak fena bastırdı. Geç kalmayalım.

NOEL BABA KİLİSESİNDE

Esen Hanım : Noel Baba'nın yanındaki bu çocuk kim?

Emin Bey : Oğlu.

Esen Hanım : Noel Baba'nın oğlu var mı?

Emin Bey : Canım şaka yapıyorum. Noel Baba çocukları ve denizcileri çok severmiş. Bu sebeple de onları hep korurmuş. İşte bu heykel Noel Baba'nın bu özelliğini sembolize ediyor.

Esen Hanım : Şurada bir levha var. Noel Baba'nın hayatından söz ediyor. Birlikte bir okuyalım mı?

Emin Bey : Buradaki bilgiler çok kısa.

Esen Hanım : Ama, gene de bir fikir veriyor. Bir okuyalım: "Aziz Nikolas M.S. IV. yüzyılın başlarında Likya bölgesinin bir kıyı kenti olan Patara'da doğmuş. Myra'da piskoposluk yapmış, denizcilerin ve çocukların koruyucusu olarak Noel Baba adı ile bugüne kadar yaşatılan efsaneleşmiş bir azizdir."

Emin Bey : Noel Baba'nın kemiklerini kaçırmak istemişler, ama yanlışlıkla başka birinin kemiklerini kaçırmışlar.

Esen Hanım : Bir azizin bile ölüsünü yerinde rahat bırakmıyorlar. Kemiklerini bile kaçırmaya kalkıyorlar. Biraz da kiliseyi gezelim mi?

Emin Bey : Küçük ve güzel bir kilise.

Esen Hanım : Acaba buranın halkı nereye gitmiş?

Emin Bey : Bu bölgede eskiden birçok savaş oluyormuş.

Esen Hanım : Kimlerle?

Emin Bey : VII. yüzyılın ortasından IX. yüzyıla kadar Araplar buraya yoğun akınlar yapıyorlarmış. Halk bu yüzden bazı kentleri terk etmiş. 809 yılında da Harun el Reşit, Myra'yı zapt etmiş.

1034' teki deniz saldırısında ise St. Nikolas'ın kilisesi yıkılmış.

Esen Hanım : Demek Arapların saldırısı yüzünden halk kenti terk etmiş.

Emin Bey : Yalnız Arap saldırısı değil, burada sık sık depremler de oluyormuş. Üstelik buradaki çay da sık sık taşıyormuş. Bu taşmalar sonucu da evleri sel basıyormuş. Halk bu felaketlere dayanamamış, Myra'dan ayrılmış.

Esen Hanım : Çok yazık.

Emin Bey : Eee..., tarih bu. Bir daldın mı içine neler var neler...

Esen Hanım : Bakıyorum, tarihi seviyorsun.

Emin Bey : Sevmez olur muyum? Tarih geçmişi yansıtan bir aynadır. Geçmişe bakarak geleceği daha iyi görürsün.

Esen Hanım : Artık yılbaşını pek çok insan kutluyor. Fakat St. Nikolas'ın Noel Baba olduğunu pek az insan biliyor.

Emin Bey : Evet öyle, herkes yılbaşı akşamı sabaha kadar eğleniyor.

Esen Hanım : Ben eğlenmiyorum, daha çok üzülüyorum.

Emin Bey : Neden?

Esen Hanım : Bir yıl daha yaşlanıyorum da ondan.

Dilbilgisi:

Bileşik Eylem Zamanları

Bir başkasından duyulan, kesin olmayan konular rivayet eki ile anlatılır.

Şimdiki zamanın rivayeti: şimdiki zaman + imek eyleminin rivayeti

geliyor + imişim	: geliyormuşum
geliyor + imişsin	: geliyormuşsun
geliyor + imiş	: geliyormuş
geliyor + imişiz	: geliyormuşuz
geliyor + imişsiniz	: geliyormuşsunuz
geliyor + imişler	: geliyorlarmış

— Ayşe Hanım Ankara'ya ne ile geliyor?
— Bilmiyorum, İsmail Beyin söylediğine göre uçak ile geliyormuş.

— Noel Baba Kilisesine Kemal Beyler geliyorlar mı?
— Kaptanın söylediğine göre gelemiyorlarmış. Denizde yüzmeyi, kiliseye gitmeye tercih ediyorlarmış.

Geniş zamanın rivayeti: geniş zaman + imek eyleminin rivayeti

gelir + imiş: gelirmiş

Bana bir arkadaşım anlatmıştı. Bu sahile her sabah yaşlı bir adam gelirmiş. Saatlerce deniz kenarında oturur, dalgaları seyredermiş. Sonra Myra'daki antik tiyatroya gider, kaya mezarlarını inceler, resimler çekermiş. Akşam üzerleri de Noel Baba Kilisesine gider, kiliseyi incelermiş. Halk bu adamın kim olduğunu merak etmiş ve onun Fransız bir arkeolog olduğunu öğrenmiş.

Gelecek zamanın rivayeti: gelecek zaman + imek eyleminin rivayeti

gelecek + imiş: gelecekmiş

— Bu yıl Marmaris Festivali ne zaman başlayacak?
— Beş haziranda başlayacakmış. Söylendiğine göre festivale birçok ünlü sanatçı gelecek, şenlikler düzenlenecekmiş.

— Festival ne kadar devam edecekmiş?
— Bir hafta sürecekmiş. Şimdiden bütün motel ve pansiyonlar dolmuş. Gitmek istiyorsan, önceden yer ayırtmamız gerekiyormuş.

Belirsiz geçmiş zamanın rivayeti: belirsiz geçmiş zaman + imek eyleminin rivayeti

gelmiş + imiş: gelmişmiş

Bu kip Türkçede pek kullanılmaz. Alay ve şüphe anlamlarını verir.

— Kemal Bey dün akşam size geldi mi?
— Bilmem, güya gelmişmiş, biz evde yokmuşuz. Oysaki biz bütün gece evdeydik.

— Cevdet, dün sınavı kazandı mı?
— Kazanamadı. Kendisine haksızlık yapıldığını söylüyor. Güya bütün cevapları doğru yazmışmış, ama öğretmen not vermemiş. Benim bildiğim bütün yıl ders çalışmadı. Sınıfta kalmayı hakketti.

Şimdiki zamanın rivayeti

geliyormuşum	gelmiyormuşum		
geliyormuşsun	gelmiyormuşsun		
geliyormuş	gelmiyormuş		
geliyormuşuz	gelmiyormuşuz		
geliyormuşsunuz	gelmiyormuşsunuz		
geliyorlarmış	gelmiyorlarmış		

Geniş zamanın rivayeti

gelirmişim	gelmezmişim
gelirmişsin	gelmezmişsin
gelirmiş	gelmezmiş
gelirmişiz	gelmezmişiz
gelirmişsiniz	gelmezmişsiniz
gelirlermiş	gelmezlermiş

Gelecek zamanın rivayeti

gelecekmişim	gelmeyecekmişim
gelecekmişsin	gelmeyecekmişsin
gelecekmiş	gelmeyecekmiş
gelecekmişiz	gelmeyecekmişiz
gelecekmişsiniz	gelmeyecekmişsiniz
geleceklermiş	gelmeyeceklermiş

Belirsiz geçmiş zamanın rivayeti

gelmişmişim	gelmemişmişim
gelmişmişsin	gelmemişmişsin
gelmişmiş	gelmemişmiş
gelmişmişiz	gelmemişmişiz
gelmişmişsiniz	gelmemişmişsiniz
gelmişlermiş	gelmemişlermiş

Dilek-şart kipinin rivayeti

gelseymişim	gelmeseymişim
gelseymişsin	gelmeseymişsin
gelseymiş	gelmeseymiş
gelseymişiz	gelmeseymişiz
gelseymişsiniz	gelmeseymişsiniz
gelselermiş	gelmeselermiş

Gereklilik kipinin rivayeti

gelmeliymişim	gelmemeliymişim
gelmeliymişsin	gelmemeliymişsin
gelmeliymiş	gelmemeliymiş
gelmeliymişiz	gelmemeliymişiz
gelmeliymişsiniz	gelmemeliymişsiniz
gelmelilermiş	gelmemelilermiş

İstek kipinin rivayeti

geleymişim	gelmeyeymişim
geleymişsin	gelmeyeymişsin
geleymiş	gelmeyeymiş
geleymişiz	gelmeyeymişiz
geleymişsiniz	gelmeyeymişsiniz
gelelermiş	gelmeyelermiş

Atasözleri

Deli dostun olacağına akıllı düşmanın olsun

Kusuruz güzel olmaz.

El elden üstündür.

Balık baştan kokar.

Baba oğluna bağ bağışlamış, oğul babaya bir salkım üzüm vermemiş.

Alıştırmalar:

1. Lütfen cevap veriniz.

1. Noel Baba nerede yaşamıştır? ....
2. Noel Baba'nın asıl adı nedir? ....
3. Noel Baba kimleri korurmuş? ....
4. Noel Baba nerede piskoposluk yapmış? ....
5. Noel Baba Kilisesi ne zaman yıkılmış? ....

2. Lütfen şimdiki zamanın rivayetine çeviriniz.

> Kıyıya botla çıkmak gerekiyor.— Kıyıya botla çıkmak gerekiyormuş.

1. Emin Bey Demre'ye gidiyor. ....
2. Yat kıyıya fazla yanaşamıyor. ....
3. Esen Hanım uçak ile geliyor. ....
4. Myra'da sık sık savaşlar oluyor. ....
5. Myra'da Likyalılar yaşıyor. ....
6. Noel Baba, Myra'da yaşıyor. ....
7. Emin Bey tarihle ilgileniyor. ....
8. Esen Hanım seyahati seviyor. ....

3. Lütfen geniş zamanın rivayetine çeviriniz.

> Myra'ya pek çok turist gelir. — Myra'ya pek çok turist gelirmiş.

1. Turistler antik tiyatroyu ziyaret eder. ....
2. Tiyatroda pek çok oyunlar oynanır. ....
3. Noel Baba, Myra'da yaşar. ....
4. Noel Baba, Myra'da piskoposluk yapar. ....
5. Myra'da sık sık savaşlar olur. ....

4. Lütfen gelecek zamanın rivayetine göre cevap veriniz.

Festival ne zaman başlayacak? — Bilmem, bir ay sonra başlayacakmış.

1. Festivale kimler gelecek?	Bilmem, birçok ünlü sanatçı ......
2. Festival ne kadar sürecek?	Bilmem, iki hafta ....
3. Rail Hanım bizimle gelmiyor mu?	Hayır, denizde ....
4. Yat kıyıya kadar yanaşacak mı?	Hayır, kıyıya botla ....
5. Tekin Bey su içecek mi?	Hayır, çay ....
6. Gülay Hanım yemek pişirecek mi?	Evet, geziden sonra ....
7. Kemal Bey balık tutacak mı?	Evet, yemekten sonra ....
8. Esen Hanım Marmaris'e gidecek mi?	Hayır, bu yıl ....

5. Lütfen gelecek zamanın rivayetine çeviriniz.

Konser saat sekizde başlayacak. — Konser saat sekizde başlayacakmış.

1. Emin Bey kitap okuyacak. ....
2. Erksin Hanım tatile çıkmayacak. ....
3. Rail Hanım bugün güneşlenmeyecek. ....
4. Kemal Bey tiyatroya gitmeyecek. ....
5. Kaptan teknede kalacak. ....
6. Deniz dalgalı olacak. ....

6. Lütfen dilek-şartın rivayetine çeviriniz.

Vaktinde gelse, öğretmeni görürdü.—Vaktinde gelseymiş, öğretmeni görürmüş.

1. Çok çalışsa, sınıfını geçerdi.   ....
2. Erken kalksa, otobüse yetişirdi.   ....
3. Plânlı çalışsaydım, işi yetiştirirdim.   ....
4. Tutumlu olsam, zengin olurdum.   ....
5. Çok yemeseydik, kilo almazdık.   ....
6. Taksiye binmeseydik, tiyatroya
   yetişemezdik.   ....

7. Lütfen gereklilik kipinin rivayetine çeviriniz.

Kışın kalın giyinmelisiniz. — Kışın kalın giyinmeliymişsiniz.

1. Güneşte az kalmalısınız.   ....
2. Yat kıyıya yaklaşmamalı.   ....
3. Gülay Hanım çay pişirmeli.   ....
4. Antik tiyatroya gitmeliyiz.   ....
5. Tarih kitabı okumalıyız.   ....
6. Cengiz Bey tatile çıkmalı.   ....
7. Myra'da iki gün kalmalıyız.   ....
8. Noel Baba'yı ziyaret etmeliyiz.   ....

ANLATAMIYORUM

(moro romantiko)

Ağlasam sesimi duyar mısınız,
Mısralarımda;
Dokunabilir misiniz,
Gözyaşlarıma, ellerinizle?

Bilmezdim şarkıların bu kadar güzel,
Kelimelerinse kifayetsiz olduğunu
Bu derde düşmeden önce.

Bir yer var, biliyorum;
Her şeyi söylemek mümkün;
Epeyce yaklaşmışım, duyuyorum;
Anlatamıyorum.

Orhan Veli Kanık

3

SÖNMEYEN ATEŞ

Öğle sıcağı iyice bastırmıştı. Esen Hanım, Emin Bey ve kılavuz üç saatten beri ormanda yürüyorlardı. Dağ oldukça dikti. Bu yüzden tırmanış çok zor oluyordu. Dağın tepesinde yüzyıllardan beri sönmeyen bir ateş vardı. Bu ateş yaz, kış hiç sönmemişti. Bugüne kadar sönmediğine göre bugünden sonra da mutlaka sönmeyecekti. Olimpus Dağının tepesindeki bu ateş üzerine nice efsaneler söylenmiş, tanrılara kurbanlar kesilmişti. Neden bu ateş yüzyıllardır hiç sönmemişti? Emin Bey ve Esen Hanım da bunu çok merak ediyorlardı. Kılavuz dağın tepesine yaklaştıklarını söyledi. Esen Hanım heyecanla en önde gidiyor, bir an önce sönmeyen ateşi görmek istiyordu. Kıyıdan aşağı yukarı on dört kilometrelik bir mesafeyi yürümüşlerdi. Kemal ve Tekin Beyler bu kadar yolu yürümeyi göze alamadıkları için sahilde güneşlenip denize girmeyi tercih etmişlerdi. Zaten onlar genellikle hep böyle yapıyorlardı. ''Tatilde insan hiç yorulmayacak, denize girip çıkarak dinlenecek'.' diyorlardı. Esen Hanımla Emin Bey ise çevredeki tarihî, turistik yerleri gezip görmek istiyorlardı.

Kılavuz, dağın tepesindeki sönmeyen ateşe geldiklerini müjdeledi. Emin Bey ve Esen Hanım hemen ateşe doğru koştular. Gerçekten de dağdan alev çıkıyordu. Ama bu bir yanardağ değildi. Dağın çeşitli yerlerinde toprağın arasından alevler yükseliyordu. Esen Hanım alevlerin üzerine toprak attı. Ateş birkaç dakika söndü, sonra yeniden alev aldı. Esen Hanım hayretler içindeydi. Emin Bey gülerek bazı açıklamalar yaptı.

Dağdan metan gazının çıktığını, bu gazın normal hava sıcaklığında alev aldığını, böylece bu alevin yüzyıllardan beri hiç sönmediğini söyledi. Esen Hanım derin hayallere dalmış düşünüyordu. Eline bir çöp alarak aleve tuttu. Çöp hemen yanıverdi. ''Belki de dünyaya ilk ateş buradan yayılmıştır.'' diye düşündü. Bu düşüncesini Emin Beye söyledi. Emin Bey ''Olabilir'' dedi. ''Fakat Yunanistan'da Olimpos Dağı var. Mitolojiye göre eskiden tanrılar bu dağda otururlarmış. Prometheus bir gün çamurdan bir insan yapmış. Athena bu çamurdan yapılan insanı beğenmiş ve Prometheus'u Olimpos Dağına davet etmiş. Prometheus orada ateşin her şeye hayat verdiğini görmüş. Bu ateşten bir kıvılcım çalarak kendi yaptığı heykele can vermiş. Ama Zeus bunu duyunca çok kızmış. Prometheus'u Kaf Dağında bir kayaya astırmış ve oraya bir akbaba yollamış. Akbaba, senelerce Prometheus'un ciğerlerini yemiş. Prometheus'un ciğerleri kalmayınca Zeus yerine bir yenisini koyarmış. Akbaba, bunları da parçalarmış. Sonunda Herakles bu akbabayı öldürerek Prometheus'u kurtarmış.''

Esen Hanım, Emin Beyi merakla dinledi. ''Ama, Yunanistan'daki Olimpos Dağında ateş var mı?'' dedi.

''Hayır, yok'' dedi Emin Bey.

''Öyleyse mitolojideki dağ burası olabilir.'' dedi. Esen Hanım ''Bak hâla ateş bu dağda yanıyor. Üstelik şu tarihî harabelerde sunak taşları var. İnsanlar tanrılara burada pek çok kurbanlar kesmişler. Bence dünyaya ilk ateşin yayıldığı yer burasıdır.''

Emin Bey bu tartışmanın çok uzun süreceğini ve yata dönmeleri gerektiğini söyledi. İkisi de arkadaşlarını fazla bekletmemek için oradan ayrıldılar.

OLAYLAR VE GÖRÜŞLER

Kızılderili reisi Seattle'in, 1854'te, kendisinden toprak satın almak isteyen ABD cumhurbaşkanına yazdığı mektuptan bir parçadır bu.

Beyaz Saraydaki Büyük Beyaz Reis!

"Gökyüzünü, toprağın sıcaklığını nasıl satın alabilirsiniz ya da satabilirsiniz? Bunu anlamak, bizler için çok güç. Bu toprakların her parçası halkım için kutsaldır. Çam ağaçlarının pırıldayan iğneleri, vızıldayan böcekler, ak kumsallı kıyılar, karanlık ormanlar ve sabahları çayırları örten buğu, halkının anılarının ve geçirdiği yüzlerce yıllık deneylerinin bir parçasıdır. Ormanların, ağaçların damarlarında dolaşan su, atalarımın anılarını taşır. Biz buna inanırız. Beyazlar için durum böyle değildir. Bir beyaz ölüp, yıldızlar evrenine göçtüğü zaman, doğduğu toprakları unutur. Bizim ölülerimizse, doğduğu toprakları unutmaz. Çünkü Kızılderili, gerçek anasının toprak olduğunu bilir.

Washington'daki Büyük Beyaz Reis bizden toprak almak istediğini yazıyor. Bu bizim için çok büyük bir özveri olur. Büyük Beyaz Reis, bize, rahat yaşayacağımız bir yerin ayrılacağını, bize babalık edeceğini, biz Kızılderilerinse, O'nun çocukları olacağımızı söylüyor. Bu önerinizi düşüneceğiz ama; yine de önerinizi kabul etmemizin kolay olmayacağını itiraf etmek zorundayım. Çünkü, topraklar bizler için kutsaldır. Derelerin ve ırmakların suyu, bizim için, yalnızca akıp giden su değildir; atalarımızın kanıdır aynı zamanda. Bu toprakları size satarsak; bu suların ve toprakların kutsal olduğunu çocuklarımıza öğretmeniz gerekecek. Biz, dereleri ve ırmakları, kardeşimiz gibi severiz. Siz de aynı sevgiyi gösterebilecek misiniz kardeşlerimize?

Biliyorum; beyazlar bizim gibi düşünmezler. Beyazlar için bir parça toprağın, ötekinden ayrımı yoktur. Beyaz adam, topraktan almak istediğini almaya bakar ve sonra yoluna devam eder. Çünkü toprak, Beyaz adamın dostu değil, düşmanıdır. Beyaz adam, topraktan, istediğini alınca, başka serüvenlere atılır. Beyaz adam, anası olan toprağa ve kardeşi olan gökyüzüne, alınıp satılacak, işlenecek, yağmalanacak birşey gözüyle bakar. Onun bu ihtirasıdır ki; toprakları çölleştirecek ve herşeyi yiyip bitirecektir.

Beyaz adamın kurduğu kentleri de anlayamayız biz Kızılderililer. Bu kentlerde huzur ve barış yoktur. Beyaz adamın kurduğu kentlerde bir çiçeğin taçyapraklarının açarken çıkardığı sesler, bir kelebeğin uçarken çıkardığı kanat sesleri duyulmaz.

Belki vahşi olduğum için anlayamıyorum; ben ve halkım için önemli olan şeyler oldukça başka. İnsan; bir su birikintisinin çevresinde toplanmış kurbağaların, ağaçlardaki kuşların ve doğanın seslerini duymadıkça, yaşamın ne anlamı, ne değeri olur? Biz Kızılderiliyiz ve anlamıyoruz. Biz Kızılderililer, bir su birikintisinin yüzünü yalayan rüzgârın sesini ve kokusunu severiz. Çam ormanlarının kokusunu taşıyan ve yağmurlarla yıkanıp gelmiş meltemleri severiz.

Hava önemlidir bizler için. Ağaçlar, hayvanlar ve insanlar aynı havayı solur. Beyaz adam için, bunun da önemi yoktur. Ancak size bu toprakları satacak olursak; havanın temizliğine önem vermeyi de öğrenmemiz gerekecek. Çocuklarınıza havanın kutsal bir şey olduğunu, havanın temizliğine önem vermek gerektiğini öğretmelisiniz. Hem nasıl kutsal olmasın hava? Atalarımızın doğdukları gün ilk soluklarını; ölürlerken de son soluklarını bu havayla solumuşlardır.

Toprak satmamız için yaptığınız öneriyi inceleyeceğim. Eğer önerinizi kabul edecek olursak; bizim de bir koşulumuz olacak. Beyaz adam, bu topraklar üstünde yaşayan tüm canlılara saygı göstersin. Ben bir vahşiyim ve başka düşünemiyorum... Yaylalarda cesetleri kokan binlerce buffalo (yabani sığır) gördüm. Beyaz adam, trenle geçerken vurup vurup öldürüyordu. Dumanlar püskürten demir atın bir buffalodan daha değerli olduğuna aklım ermiyor. Biz Kızılderililer, yalnızca yaşayabilmek için öldürürüz hayvanları... Tüm hayvanları öldürecek olursanız, nasıl yaşayabilirsiniz? Canlıların yok edildiği bir dünyada, insan ruhu, yalnızlık duygusundan ölür gibi geliyor bize. Unutmayın; bugün canlıların başına gelen, yarın insanın başına gelecektir. Çünkü, bunlar arasında bir bağ vardır.

Şu gerçeği iyi biliyorum: Toprak insana değil, insan toprağa aittir. Ve bu dünyadaki her şey; bir ailenin bireylerini birbirine bağlayan kan gibi ortaktır ve birbirine bağlıdır. Bu nedenle de; dünyanın başına gelen her felâket, insanoğlunun da başına gelmiş demektir.

Bildiğimiz bir gerçek daha var: Sizin Tanrınız, bizimkinden başka bir Tanrı değil, Aynı Tanrı'nın yaratıklarıyız. Beyaz adam, bir gün belki bu gerçeği anlayacak ve kardeş olduğumuzun ayrımına varacaktır. Siz, Tanrımızın başka olduğunu düşünmekte özgürsünüz. Ama Tanrı, hepimizi yaratan Tanrı için, Kızılderili ile Beyazın arasında fark yoktur. Ve Kızılderililer gibi Tanrı da, toprağa değer verir. Toprağa saygısızlık, Tanrı'nın kendisine saygısızlıktır.

Beyaz adamı bu topraklara getiren ve ona, Kızılderiliyi boyunduruk altına alma gücü veren Tanrı'nın kaderini anlamıyorum. Tıpkı, buffaloların öldürülüşünü, ormanların yakılışını, toprağın kirletilişini anlamadığım gibi...

Bir gün bakacaksınız; gökteki kartallar, dağları örten ormanlar yok olmuş; yaban atları evcilleştirilmiş ve her yer, insanoğlunun kokusuyla dolmuş. İşte o gün insanoğlu için, yaşamın sonu ve varlığını sürdürebilme savaşının başlangıcı gelipi çatmış olacak...''

Dilbilgisi:

Bileşik Eylem Zamanları

Şimdiki zamanın şartı: şimdiki zaman + imek eyleminin şartı

geliyor ise: geliyorsa

Kemal Bey bizimle geliyorsa, fotoğraf makinesini de alsın.
Dağa çıkmıyorsanız, burada bekleyiniz.
İyi yüzme biliyorsanız, biraz uzaklara açılalım.
Yürüyüşü seviyorsanız, motele kadar yaya gidelim.

Geniş zamanın şartı: geniş zaman + imek eyleminin şartı

gelir ise: gelirse

Tekin Bey de gelirse, memnun oluruz.
Verdiğiniz sözde durmazsanız, çok ayıp olur.
Tatilde iyi dinlenemezseniz, çalışma hayatınız da pek verimli olmaz.
Arabanızı uygun bir fiyata satarsanız,ben almak isterim.
Dağın tepesine çıkarsanız, sönmeyen ateşi görürsünüz, çıkmazsanız hiçbir şey göremezsiniz.

Gelecek zamanın şartı: gelecek zaman + imek eyleminin şartı

gelecek ise: gelecekse

Tekin Bey, bizimle gelecekse, hemen hazırlansın.
Gülay Hanım kahvaltı yapacaksa, çayı hazırlamalıdır.
Sönmeyen ateşe siz de geleceksiniz, biraz daha bekleyelim, gelmeyecekseniz biz gidiyoruz.
Marmaris'e gitmeyecekseniz, Bodrum'a gidelim.
Uçak vaktinde gelmeyecekse, biz burada boşuna beklemeyelim.

Belirli geçmiş zamanın şartı: belirli geçmiş zaman + imek eyleminin şartı

geldi ise: geldiyse

Emin Bey size geldiyse, bize de uğrasın.
Ayşe dün okula gelmediyse, mutlaka hastadır.
Kitabı okuduysan bana ver, okumadıysan birkaç gün daha sende kalsın.
Bu arabayı beğendiyseniz, uygun bir fiyatla size satabilirim.
Motelimizden memnun kaldıysanız, önümüzdeki yıl yine bekleriz.

Belirsiz geçmiş zamanın şartı: belirsiz geçmiş zaman + imek eyleminin şartı

gelmiş ise: gelmişse

Paranız bitmişse, size biraz borç para verebilirim.
Kitabı okumuşsa, lütfen bana geri versin.
Arabanın benzini bitmişse, en yakın istasyondan benzin alalım.
Mektubu yazmışsa, bugün postaneye verelim.
Çocuklar uyanmışsa, artık kahvaltımızı yapalım.

Şimdiki zamanın şartı

geliyorsam	gelmiyorsam
geliyorsan	gelmiyorsan
geliyorsa	gelmiyorsa
geliyorsak	gelmiyorsak
geliyorsanız	gelmiyorsanız
geliyorlarsa	gelmiyorlarsa
(geliyorsalar)	(gelmiyorsalar)

Geniş zamanın şartı

gelirsem	gelmezsem
gelirsen	gelmezsen
gelirse	gelmezse
gelirsek	gelmezsek
gelirseniz	gelmezseniz
gelirlerse	gelmezlerse
(gelirseler)	(gelmezseler)

Gelecek zamanın şartı

geleceksem	gelmeyeceksem
geleceksen	gelmeyeceksen
gelecekse	gelmeyecekse
geleceksek	gelmeyeceksek
gelecekseniz	gelmeyecekseniz
geleceklerse	gelmeyeceklerse
(gelecekseler)	(gelmeyecekseler)

Belirli geçmiş zamanın şartı

geldiysem	gelmediysem
geldiysen	gelmediysen
geldiyse	gelmediyse
geldiysek	gelmediysek
geldiyseniz	gelmediyseniz
geldilerse	gelmedilerse
(geldiyseler)	(gelmediyseler)

Belirsiz geçmiş zamanın şartı

gelmişsem	gelmemişsem
gelmişsen	gelmemişsen
gelmişse	gelmemişse
gelmişsek	gelmemişsek
gelmişseniz	gelmemişseniz
gelmişlerse	gelmemişlerse
(gelmişseler)	(gelmemişseler)

Güzel Sözler

Milletleri kurtaranlar yalnız ve ancak öğretmenlerdir.

Atatürk

İnsan ne kadar az düşünürse, o kadar çok konuşur.

Montesquieu

Düşünmeden öğrenmek vakit kaybetmektir.

Confucius

Alıştırmalar:

1. Lütfen cevap veriniz.

1. Sönmeyen ateş nerededir? ....
2. Bu ateş niçin devamlı yanmaktadır? ....
3. Olimpus Dağına kimler gitmiyor? ....
4. Prometheus kimdir? ....
5. İlk ateş nereden yayılmıştır? ....
6. Zeus, Prometheus'a niçin kızmıştır? ....

2. Lütfen iki cümleyi birleştiriniz.

a. Esen Hanım, Olimpus Dağına çıkıyor.
b. Spor ayakkabılarını giysin.
c. Esen Hanım, Olimpus Dağına çıkıyorsa spor ayakkabılarını giysin.

a. Emin Bey, Olimpus Dağına çıkıyor.
b. Hemen hazırlansın.

c. ....

a. İyi yüzme biliyorsunuz.
b. Uzaklara açılabilirsiniz.

c. ....

a. Bizimle gelmiyorsunuz.
b. Sönmeyen ateşi göremeyeceksiniz.

c. ....

a. Mavi Yolculuğa çıkmıyorsunuz.
b. İyi bir tatil yapamazsınız.

c. ....

a. Mitolojiyi seviyorsunuz.
b. Türkiye'yi mutlaka gezmelisiniz.

c. ....

3. Lütfen iki cümleyi birleştiriniz.

> a. Yazın vaktim olur.
> b. İki ay tatile çıkarım.
> c. Yazın vaktim olursa, iki ay tatile çıkarım.

a. Sabahleyin erken kalkarız.
b. Ormanda geziye çıkarız.

c. ....

a. Bir kılavuz buluruz.
b. Sönmeyen ateşe gideriz.

c. ....

a. Metan gazı bir gün biter.
b. Dağdaki ateş söner.

c. ....

a. Emin Bey hızlı yürür.
b. Önde giden Esen Hanıma yetişir.

c. ....

a. Rail Hanım güneşte fazla kalır.
b. Sağlığına zararlıdır.

c. ....

a. Yarın hava güzel olur.
b. Sizlerle akşama kadar yüzeriz.

c. ....

a. Güzel bir yat alırız.
b. Her yıl Mavi Yolculuğa birlikte çıkarız.

c. ....

4. Lütfen gelecek zamanın şartına çeviriniz.

Hep böyle hızlı yürürsen, ben gelemeyeceğim.
Hep böyle hızlı yürüyeceksen, ben gelemeyeceğim.

1. Otobüs Marmaris'e gidiyorsa, bir bilet alalım.

....

2. Biraz erken gelirseniz, yemeğe bekleriz.

....

3. Yarın bana uğrarsan, kitabı sana veririm.

....

4. Balıkları buzdolabına koyarsak, bol miktarda alalım.

....

5. Tatile çıkıyorsanız, yanınıza iyi bir fotoğraf makinesi alınız.

....

5. Lütfen iki cümleyi birleştiriniz.

a. Gülay Hanım çayı pişirdi.
b. Sofraya getirsin.
c. Gülay Hanım çayı pişirdiyse, sofraya getirsin.

a. Emin Bey mitoloji kitabını okudu.
b. Bize Prometheus'u anlatsın.

c. ....:..

a. Tekin Bey fotoğrafları çekti.
b. Fotoğraf makinesini bana versin.

c. ....

a. Burada işimiz bitti.
b. Başka yere gidelim.

c. ....

a. Siz de soğukta üşüdünüz.
b. Bir hırka alınız.

c. ....

a. Buradaki tüm antik eserleri gördük.
b. Başka eserleri inceleyelim.

c. ....

a. Arkeolojiye ilgi duyuyorsunuz.
b. Mutlaka Türkiye'yi geziniz.

c. ....

6. Aşağıdaki kelimelerden sonra imek fiilinin hikâyesini getiriniz.

Denizin suyu çok soğuk.— Denizin suyu çok soğuktu

1. Hava o gün çok sıcak..........
2. Sabahleyin gökyüzü masmavi ....
3. Ormandaki bütün ağaçlar yemyeşil ....
4. Dün akşam bu caddeler çok dolu ....
5. Ulrike Türkiye'de çok mutlu ....
6. Kaptan fırtına çıkacak diye çok endişeli ....

7. Aşağıdaki eylemlerden sonra imek fiilinin hikâyesini getiriniz.

Az sonra büyük bir fırtına çıkacak.   —Az sonra büyük bir fırtına çıkacaktı.

1. Ulrike o sabah erkenden uyanacak...
2. Kemal Bey ile Tekin Bey balık tutacak...
3. Gülay Hanım ile Rail Hanım güvertede güneşleniyorlar....
4. Emin Bey daha önce Mavi Yolculuğa çıkmış....
5. Fabrika artıklarıyla bu güzel denizler kirletilmemeli....
6. Sanayi gelişmese..... çevre bu kadar kirlenmeyecek....
7. Mehmet Bey her yıl Mavi Yolculuğa çıkar....
8. Esen Hanım gittiği yerlerde daima bol bol fotoğraf çeker....
9. Belki de dünyaya ilk ateş buradan yayılmış...
10. Belki de bu ateş hiç sönmeyecek...

4

MARMARİS'TE

Mavi Yolculuk çok güzel geçmişti. Esen Hanım, Marmaris'te Almanya'-dan gelecek arkadaşı Ulrike ile buluşacaktı.Uçak, Dalaman Havaalanı na per-şembe günü gelecekti. Ulrike bu uçakta olacak ve Esen Hanım onu havaala-nında karşılayacaktı. Dalaman Havaalanı, Marmaris'ten sadece iki saatlik bir mesafedeydi. Oradan servis arabasına binip Marmaris'e gideceklerdi.

Ulrike, uçakla tam zamanında geldi. Esen Hanım daha önce güzel bir mo-telden iki kişilik yer ayırtmıştı. Hemen motele gittiler. Deniz tarafına bakan bir odaya yerleştiler. Motel, Marmaris'in on kilometre kadar uzağında sessiz sakin bir yerde bulunuyordu. Pencereden görülen manzara ise muhteşemdi. Burası Marmaris'in en güzel moteliydi. Esen Hanım ve Ulrike çevreye bir göz attıktan sonra odaya yeni bir şekil vermek istediler. Yatakların ve sehpaların yerlerini değiştirdiler. Sonra balkona çıktılar. Karşılıklı oturarak, sohbete ko-yuldular.

Ulrike Almanya'dan, Esen Hanım da uzun uzadıya Mavi Yolculuktan söz ediyordu. Saatlerin nasıl geçtiğinin ikisi de farkında değildi. Esen Hanım Fet-hiye, Kaş, Kekova, Finike, Antalya'yı ve bu çevrede gördüklerini anlata anla-ta bitiremiyordu. Sonunda Ulrike de Mavi Yolculuğa çıkmaya karar verdi. Esen Hanım ''Sakın ha!'' dedi. ''Mavi Yolculuk çok tehlikelidir.''

"Neden?" diye sordu Ulrike.

"Çünkü" dedi Esen Hanım: "Ma – vi Yolculuğa çıkan bir kimse, kolay kolay başka bir yeri beğenemez. Hep Mavi Yolculuğa çıkmak ister. Bu ise çok pahalıdır."

"Olsun" dedi Ulrike:"Bir ay tatil ya- pacağıma, on gün yaparım. Ama, güzel bir tatil olur. Hem iyi dinlenirim, hem de anısı yıllarca benimle yaşar." İkisi de bir yıl sonrası için hemen tatil progra- mı yapmaya başladılar. Bu defa Mavi Yolculuğa Bodrum'dan çıkacak ve Gö- kova Körfezini gezeceklerdi. Bu sırada acıktıklarını farkettiler. Restorana inip bir şeyler yemek istediler.

Restoranda Murat Bey ve Zuhal Ha- nımla tanıştılar. Zuhal Hanım motelin resepsiyonunda çalışıyordu. Hep birlik- te aynı masaya oturdular. Karınları acıkmıştı. Garsonun getirdiklerini atış- tırarak, zil çalan midelerinin sesini sus- turdular. Tabii yemek sırasında gene bol bol Mavi Yolculuktan konuşuldu. Ye- mek sonrası bara gittiler. Barda yeni ar- kadaşlarla tanıştılar. Yarım saat kadar barda kaldıktan sonra izin isteyip ayrıl- dılar. Odalarına çıkıp, mayolarını giy- diler. İskeleye indiler. Bir motor kirala- yıp, Marmaris ve çevresini gezmek üze- re plan yaptılar.

Esen Hanım, Ulrike'ye önce Mar- maris'in çevresini göstermek istedi. Kü- çük bir deniz motoru kiralayıp sahilde bulunan evleri, motel ve pansiyonları gezdiler. Bir saat kadar süren geziden sonra tekrar motele döndüler. Motor gezintisi Ulrike'nin çok hoşuna gitmiş- ti. Ertesi gün aynı motorla daha uzun bir gezinti yapmaya karar verdiler.

TATİL CENNETİ MARMARİS

Esen Hanım erken uyanmayı severdi. O gün erkenden uyandı, güneş henüz doğmamıştı. Ama, ortalık ağarmaya başlamıştı. Ulrike hâlâ uyuyordu. Esen Hanım pencereden iskeleye bir göz attı. Bir gün önce anlaştıkları motorcu gelmişti. Esen Hanım, Ulrike'yi hafifçe uyandırdı. Ulrike gözlerini oğuşturarak:
— Sabah oldu mu? dedi.
— Evet oldu. Güneş doğmak üzere. Motorcu da iskelede bizi bekliyor.
Ulrike hemen hazırlandı, ikisi de sevinçle iskeleye indiler. Esen Hanım:
— Günaydın, dedi motorcuya.
— Günaydın, çok beklerim diye korktum. Ama erken uyandınız.
— Biz erken uyanırız, dedi Esen Hanım.
Motor çalıştı. Motorun sesi karşı dağlarda yankılandı. Denizdeki balıklar uyandı. Yola koyuldular. Motorcu da keyifliydi. Denizde kendilerinden başka kimse yoktu. Sanki bütün deniz onlara aitti. Oysa gündüz buraları ne kadar dolu oluyordu.

Motor kıyıya yanaştı ve durdu. Esen Hanım ve Ulrike dağın tepesine çıkacak ve oradan resim çekeceklerdi. Dağa tırmanış bir saat kadar sürdü. Tepeden gördükleri manzara muhteşemdi. Deniz bir göl gibi durgundu. Evlerin ve yatların görüntüleri suda ayna gibi yansıyordu. Her taraf yemyeşil çam ormanı ile kaplıydı. Çam ağaçlarından çevreye yayılan mis gibi bir koku ciğerleri dolduruyordu. Kuşlar dallarda cıvıl cıvıl ötüşüyorlardı. Gökyüzü masmaviydi ve tek bulut yoktu. Güneş artık doğmuş,dağların üzerinden yükselirken denizde altın renkli ışıl ışıl yakamozlar oluşturuyordu. Ulrike kendini bir rüyada sanıyordu. Esen Hanıma:

— Kimbilir Mavi Yolculuk ne kadar güzeldir,dedi.

Esen Hanım:

— İnsanlar yerleştikleri yerlerde doğayı bozuyorlar. Marmaris henüz bozulmadı. Bozmamaya da çalışacağız,dedi. Büyük şehirlerde ne bu güzelliği, ne de bu huzuru bulabiliriz. Mavi Yolculukta ise doğayı çok daha saf ve temiz olarak bulmak mümkün.

Motorcu aşağıda onları bekliyordu. Daha fazla oyalanmadan aşağı inmeleri gerekiyordu. İkisi de istemeyerek aşağı indiler. Motora atladılar. Marmaris'e gittiler. Halk uyanmış, gün başlamıştı. İnsanların yüzünde mutlu bir ifade vardı. Esen Hanımla Ulrike sessizce bu kalabalığa karıştılar. Doğa ile başbaşa olmak güzel bir şeydi. Ama insanların arasında olmanın da başka bir tadı vardı. İşte Marmaris'te insan bu iki duyguyu tadabiliyordu. Bu sebeple Marmaris her bakımdan bir tatil cennetiydi.

Deniz ortasında 30.000 nüfuslu şehir

Genişliği 1000 metre, uzunluğu 1430 metre olan ve etrafı 50 metreye kadar yükselen anfisiyle büyücek bir futbol sahasını andıran ilk deniz şehri 30.000 nüfusu barındırabilecek durumda en ince ayrıntılarına kadar planlanmıştır. Deniz ortasında böyle bir şehir kurulması fikri, İngiliz Pilkington Glass Age Development Committee üyesi,Geoffrey A. Jellicce tarafından ortaya atılmıştır. Mimar Hal Moggridge ve mühendis John Martin bu şehrin planlarını hazırlamışlar ve küçük bir maketini de yapmışlardır. Bu projeye bazı devletler (İngiltere ve Rusya) alaka göstermişler, ancak projenin sahibi olan yetkili komite,yapılan planların olgunlaştırılması için daha elli senelik çalışma devresini gerekli görmüştür. Bu süre içinde bir finansman grubunun ortaya çıkması ve projenin gerçekleştirilmesi yönünde milyarları bulacak maddî olanakları ortaya koyması ümit edilmektedir. Bu işin yapılabilmesi için teknik imkânların halen mevcut olduğu belirtilmektedir.

Bu şekilde deniz kentleri, nüfusu aşırı derecede çoğalan ve sahili bulunan memleketlerde yapılabilecektir: Sahillerin sığ alanları bu yöndeki çalışmalara elverişli görünmektedir. Örneğin İngiltere'nin Norfolk sahillerinin 24 km. açıklarında Hewett Field kesimi ilk deniz kentinin kurulabileceği yer olarak seçilmiştir. Planların maksada uygun şekilde yapılabilmesi için, ortalama 9 metre derinlikte olduğu tespit edilen bu alanda, tabiî gaz yataklarının bulunuşunun da gelecekte şehir enerjisini sağlama bakımından avantajlı olacağı göz önünde tutulmuştur.

Şehrin etrafı birkaç yüz metre uzaklıktan içi su ile doldurulacak plâstik torbalarla çevrilecek. 30 metre uzunlukta ve 1,8 metre çapındaki bu torbalar birbirine bağlanarak dalgakıran vazifesini görecektir. Deniz dibine 6-9 metre aralıklarla çelik kazıklar çakılacak ve bunların üzerine önceden hazırlanabilecek demirli beton kalıplardan 50 metre yükseklikteki çevre duvarı inşa edilecektir. Bu çevre duvarının kesiti (S) şeklinde olacaktır ki deniz rüzgârlarını şehir üzerinden aşırabilsin. Bu duvarın şehre bakan iç yönü 16 kademeli, anfi biçiminde tertiplenerek buralara fabrika ve bürolar yerleştirilecektir. Çevre duvarının kuzey alanına, tabiî gazla çalışan kuvvet santrallarının yerleştirilmesi öngörülmüştür ve santralın ısı artığından da denizden içme suyu sağlamak amacıyla kurulacak tesislerde faydalanılacaktır. Bu tesislerde elde edilecek içme suyunun bir kısmı döşenecek bir boru hattı ile karaya taşınarak en yakın kentlere verilecektir. Hava ile şişirilmiş plâstik bir perde de fırtınalı havalarda çevre duvarının giriş ağzını koruyacaktır. İç limanda uygun yerlere büyük beton pontonlar yerleştirilecek ve bunlar deniz dibine tespit edilerek, üzerlerine plâstik malzemeden üç katlı binalar kurulacaktır. Bu binalarda 30.000 insana barınma imkânı sağlanacaktır. İç limanda yalnız elektrikle çalışan kayıklar işleyecek, hava yastıklı, hızlı taşıma araçları kıyı kentleriyle bağlantıyı sağlayacaktır.

Şehir nüfusunun bir kısmı balıkçılıkla geçimlerini sağlarken, diğerleri deniz yosunlarıyla gıda maddeleri ve suni gübre yapımıyla uğraşacaklardır. Deniz suyundan magnezyum, brom, iyot, stronyum, rubidyum ve bakır gibi kimyasal elementler üretilecek ve bu husus deniz kenti insanlarının önemli bir çalışma alanı olacaktır. Öngörülen teknik üniversitede balıkçılık ve denizbilimi birinci planda okutulacaktır. Tiyatrolar, sinema ve konser salonlarının yapımı ihmal edilmemiş, turistler için de büyük bir akvaryum planlanmıştır.

50

ELLER

Eller, hepsi de beşer tane parmaktan,
Eller, türlü türlü... yaşamaktan.

Boynu bükük eller, dizlerin üstünde,
İster bir yabancının, ister kardeşimin de;

Eller, göbek üstünde, yok bir şey umrunda.
Ellikten çıkmış eller, ekmek uğrunda.

Derileri soyulanlar çamaşırdan.
Eller, avuç içleri nasırdan.

Karımınkiler öylesine, çocuğuma bakmaktan.
Tahta uğmak, sabah karanlığı ateş yakmaktan.

Açılmış, kapanmayacak avucundan belli
Dilencinin eli.

Eller, eteklerde, baygın düşmüş bir ara,
Eller, sarılmış demir parmaklıklara.

Bir elim, kalem tutmuş, yazı yazar.
İki elinde kazma, toprağı kazar.

El var, titrer durur, el var yumuk yumuk.
El var pençe olmuş, el var yumruk.

Hepsi de etten, deriden, tırnaktan;
Farkları yok ama dal ucunda yapraktan.

Atmış elindekini, tutmayacak bir daha,
Eller görüyorum, eller, açılmış Allaha...

                              ZİYA OSMAN SABA

Dilbilgisi:

Belirteçler: Belirteçler eylemlerden, sıfatlardan ve başka belirteçlerden önce gelir. Bunların anlamını zaman, yer, yön, azlık, çokluk, nitelik bakımından etkiler.

-ın, -leyin:
Esen Hanım kışın Uludağ'a gitti, yazın Mavi Yolculuğa çıktı.
Ulrike sabahleyin geç uyandı.
Esen Hanım akşamleyin erken uyudu.

-ca (-ce, -ça, -çe):
Esen Hanım, Ulrike'yi usulca uyandırdı.
Ulrike yatağından yavaşça kalktı, sessizce giyindi.
Motor hızlıca yol alıyordu.
Motorcu kolayca kıyıya yanaştı.
Ulrike hem konuşarak, hem de etraflı seyrederek rahatça dağa tırmandı.

— BALIKÇI BALIKLARI İNSAFSIZCA AVLIYORDU...

-ca (-ce, -ça, -çe) eşitlik eki bazan -sız (-siz, -suz, -süz) eki ile belirteç olarak kullanılır.

Balıkçı insanları insafsızca avlıyordu.
Okumamış insanlar bazen görgüsüzce hareket ederler.
Bilgisizce yapılan işlerden hayır gelmez.
Bu işte de lütfen akılsızca hareket etmeyin.

-cık (-cik, -cuk, -cük) küçültme eki:

İskelede azıcık bekler misiniz?
Burada birazcık kalırsanız, geçen gemileri görürsünüz.
İşleriniz çok biliyorum ama, bir akşamcık da bize geliniz.

-sız (-siz, -suz, -süz) eki, -ın (-in, -un, -ün) eki ile birlikte belirteç olarak kullanılır.

Tekne açık denizde durmaksızın yol alıyordu.
Gülay Hanım susmaksızın konuşuyordu.
Kemal Bey yorulmaksızın balık tutuyor.
Açık denizde ansızın fırtına çıktı.

Eylemden yapılan belirteçler:

Karşıki sahile yüze yüze gittim.
Otobüse yetişmek için koşa koşa merdivenden indiler.
Dün akşam yemeğini bizde yiyerek eve gitti.
Motorcu şarkı söyleyerek yola koyuldu.
Esen Hanım hiç konuşmadan manzarayı seyretti.

İkilemelerden yapılan belirteçler:

Ulrike mışıl mışıl uyuyordu.
Esen Hanım ve Ulrike gece gündüz gezdiler.
Esen Hanım Ulrike ile ağır ağır konuşuyordu.
Sahilde bir adam sağa sola koşuyordu.
Denizde bir bayan hızlı hızlı yüzüyordu.
Masada oturan bir çocuk sessiz sessiz ağlıyordu.
Dertli bir adam sabah akşam rakı içiyordu.

Belirteç çeşitleri:

1. Zaman Belirteçleri: dün, bugün, yarın, er geç, şimdi, demin, önce, sonra, yazın, kışın, geçende, akşama, sabaha, haftaya, gibi.

Emin Bey dün gelmiş.
Tekin Bey yarın gidecekmiş.
Biraz bekle şimdi geliyorum.

2. Yer, Yön Belirteçleri: aşağı, yukarı, içeri, dışarı, ileri, geri, üst, alt, ön, arka, sağ, sol, uzak, yakın gibi.

Esen Hanım ve Ulrike dağdan aşağı bakıyordu.
Sesleri duyunca hemen dışarı çıktılar.
Kemal Bey önden gidiyor, geriye bakmıyordu.

3. Azlık, Çokluk Belirteçleri: az, çok, eksik, fazla, pek, biraz, azıcık, hep, hepten, kısmen, daha, gibi.

Türkçeyi öğrenmek için Türklerle çok konuşmalıyız
Yazdığınız şiiri çok güzel buldum.
Bu elbiseniz pek güzel değil.
Bana biraz çorba verir misiniz?

4. Durum Belirteçleri: güzel, çirkin, iyi, kötü, yorgun, dinç, doğru, eğri, temiz, kirli, böyle, öyle, şöyle gibi.

Gülay Hanım güzel yüzüyor.
Kemal Bey eve yorgun geldi.
Bu mektup böyle yazılmayacaktı.
Lütfen bana her şeyi doğru söyleyiniz.
Eğri otur, doğru konuş.

5. Soru Belirteçleri: ne, nasıl, niçin, nice, hani, ne kadar gibi.

Neden geciktiniz?
Ne oldu?
Hava çok güzel, niçin yüzmüyorsunuz?
Marmaris'e kadar nasıl geldiniz?
Burada hava ne kadar güzel, deniz ne kadar mavi.

Alıştırmalar:

1. Lütfen cevap veriniz.

1. Havaalanı ile Marmaris arası ne kadar mesafededir? ....
2. Motel Marmaris'e ne kadar uzaklıktadır? ....
3. Ulrike ve Esen Hanım nelerden söz ediyorlar? ....
4. Mavi Yolculuğa çıkmak niçin tehlikelidir? ....
5. Esen Hanım ve Ulrike kimlerle tanışıyorlar? ....
6. Esen Hanım ve Ulrike kimlerle tanışıyorlar? ....

2. Aşağıdaki cümlelerde geçen belirteçleri bulunuz.

1. Mavi Yolculuğa çıkan bir kimse, kolay kolay başka bir yeri beğenmez.
2. Tabii yemek sırasında gene bol bol Mavi Yolculuktan konuşuldu.
3. Esen Hanım erken uyanmayı severdi.
4. Güneş henüz doğmamıştı.
5. Ulrike hâlâ uyuyordu.
6. Esen Hanım, Ulrike'yi hafifçe uyandırdı.
7. İkisi de sevinçle iskeleye indiler.
8. Esen Hanım, biz erken uyanırız, dedi.
9. Daha fazla oyalanmadan aşağı inmeleri gerekiyordu.
10. Esen Hanımla Ulrike sessizce bu kalabalığa karıştılar.

3. Aşağıdaki cümlelerdeki boşluklara belirteç eklerini koyunuz.

> Kemal Bey kış..... Uludağ'da kayak yaptı. — Kemal Bey kışın Uludağ'da kayak yaptı.

1. Tekin Bey sabah .... uyandı.
2. Gülay Hanım akşam .... çay yaptı.
3. Yat yavaş .... kıyıya yanaştı.
4. Sen bu işi kolay .... yapabilirsin.
5. Otobüsle Marmaris'e kadar rahat .... geldik.
6. Bazı insanlar okulda bile görgüsüz .... davranıyorlar.
7. Kazanmak istiyorsak akılsız .... hareket etmemeliyiz.
8. Ne olur biraz .... işi de siz yapın.
9. Adam tam iki saatten beri hiç susmak .... konuşuyor.

5. Lütfen aşağıdaki boşlukları doldurunuz.

Motor kıyıya yan.......... ve dur.......... Esen Hanım ve Ulrike doğ..........
tepe.......... çık..:........ ve ora.......... resim çek.......... Dağa tırman.......... bir
saat kadar sürdü. Tepeden gör.......... manzara muhteşem.......... . Deniz bir
göl gibi durgun.......... . Evler.......... ve yatlar.......... görüntüleri suda ayna
gibi yan.......... . Her taraf yem.......... çam ormanı ile kaplı.......... . Çam
ağaçlar.......... çevreye yayı.......... mis gibi bir koku ciğerleri dol.......... Kuş-
lar dallarda cıvıl cıvıl ötüş.......... . Gökyüzü masmavi.......... ve tek bulut
yok.......... . Güneş, artık doğ.......... dağların üzerinden yükselir.......... de-
nizde altın renkli ışıl ışıl yakamozlar oluştur..........

6. Lütfen bileşik zamanlı cümleler kurunuz.

> on kilometre - uzağında - kadar - motel - Marmaris'in - bulunuyordu.
> Motel, Marmaris'in on kilometre kadar uzağında bulunuyordu.

1. binmek - Marmaris - gitmek - servis arabası

....

2. yerleşmek - oda - deniz - bakan - tarafına

....

3. muhteşem - pencere - görünmek - manzara

....

4. çıkmak - mayo - giymek - oda

....

5. barda - yarım saat - ayrılmak - kalmak - izin istemek - sonra

....

6. Mavi Yolculuk - Gökova Körfezi - bu defa - çıkmak - gezmek

....

7. Bir - altın - başlamak - gün

....

7. Lütfen cümlelerin boş yerlerine uygun karşılıkları bulunuz.

1. Esen Hanım tatil için....

A bırakarak ilerliyordu.

2. Cengiz Bey mutlaka Antalya'ya....

B hoşlanmadı.

3. Tekne arkasında bembeyaz köpükler....

C kamaraya indiler.

4. Yunuslar az sonra teknenin peşini....

D Marmaris'i düşünüyordu

5. Kemal Bey kaptanın hızlı gitmesinden....

E göreceksiniz.

6. Esen Hanım ve Gülay Hanım aşağıdaki....

F gitmek istiyordu.

7. Hem güzel, hem de çok enteresan....

G bıraktılar.

8. Tepeden inanılması güç bir güzellik....

H kutluyor.

9. Çaylarınızı içtiyseniz bir an önce....

I bir yer.

10. Bütün dünya her yıl başında Noel Baba'yı....

İ Kekova'yı gezelim.

11. Dünya bir tiyatro sahnesine

J çok severmiş.

12. Bu güzellikler insanı hem şair, hem filozof...

K benzer

13. Noel baba çocukları ve denizcileri....

L yapar.

14. Burada sık sık depremler....

M üzülüyorum.

15. Tarih geçmişi yansıtan....

N oluyormuş.

16. Halk bu felaketlere dayanamamış....

O bir aynadır.

17. Yılbaşında ben eğlenmiyorum daha çok....

Ö Myra'dan ayrılmış.

18. Emin Bey üç saatten beri ormanda....

P doğru koştular.

19. Neden bu ateş yüzyıllardır hiç....

R üzülüyorum.

20. Emin Bey ve Esen Hanım hem ateşe....

S yayılmıştır.

21. Dağın çeşitli yerlerinde toprağın arasından....

Ş yürüyordu.

22. Belki de dünyaya ilk ateş buradan....

T alevler yükseliyordu.

8. Lütfen cümlelerin boş yerlerine uygun karşılıkları bulunuz.

1. Böylece bu alevin yüzyıllardan beri hiç....   A   geldiklerini müjdeledi.

2. Zaten onlar genellikle hep böyle....   B   görmek istiyordu.

3. Kılavuz dağın tepesindeki sönmeyen ateşe....   C   yanıverdi.

4. ''Tatilde insan denize girip çıkacak dinlenecek''....   D   sönmediğini söyledi.

5. Esen Hanım bir an önce sönmeyen ateşi....   E   yapıyorlardı.

6. Çöpü aleve tutunca, çöp hemen....   F   ayırtmıştı.

7. Athena, Prometheus'u Olimpos Dağına....   G   farkında değildi.

8. Esen Hanım motelden iki kişilik yer....   H   diyorlardı.

9. Esen Hanım, Ulrike'yi havaalanında....   I   davet etmiş

10. Balkona çıkarak karşılıklı sohbete....   İ   yankılandı.

11. Saatlerin nasıl geçtiğinin ikisi de....   J   karşılayacaktı.

12. Bir ay tatil yapacağıma, on gün iyi bir....   K   yansıyordu.

13. Sabahleyin güneş doğmak....   L   koyuldular.

14. Motorun sesi karşıki dağlarda....   M   tatil yaparım.

15. Evlerin ve yatların görüntüleri suda ayna gibi....   N   üzereydi.

16. Maalesef insanlar yerleştikleri yerde....   O   bulabiliriz.

17. Güneş, denizde altın renkli ışıl ışıl yakamozlar....   Ö   bir şeydi.

18. Büyük şehirlerde ne bu güzelliği, ne de bu huzuru...   P   dolduruyordu.

19. Marmaris'te halk uyanmış, yeni bir gün....   R   oluşturuyordu.

20. Doğa ile başbaşa olmak çok güzel....   S   olmaz.

21. Mis gibi bir koku ciğerleri....   Ş   doğayı bozuyorlar.

22. Tatilde iyi dinlenmezsek, çalışmalarımız verimli....   T   başlamıştı.

58

4. Aşağıdaki kelimelerden belirteçli cümleler yapınız.

> hırsız - cep - adam - cüzdan - çekmek - usul
> Hırsız adamın cebinden cüzdanını usulca çekti.

1. adam - hırsız - peşinden - koşmak - hızlı hızlı

....

2. bir - ev- hırsız - kapı - içeri - gizli - girmek

....

3. adam - takip etmek - hırsız - bulmak - kolay

....

4. polisler - hiç vakit - kaybetmek - yakalamak - hırsız

....

5. akılsız - hareket etmek - hırsız - altı ay - yemek - ceza

....

6. bilgi - toplum - yetiştirilen - çocuklar - işlemek - suç

....

7. çocuklar - gece gündüz - ilgilenmek - bu - sebep

....

8. için - insanlar - refah - hiç - durmak - çalışmak

....

5 PAZARLIK

Bazı ülkelerde pazarlık yoktur.Etiket fiyatı üzerinden satış yapılır.Hiç kimse pazarlık yapmaya gerek duymaz. Bazı ülkelerde ise pazarlık yapılır. Söz gelişi satıcı bir saat için on bin lira ister. Alıcı bu fiyatı çok bulduğunu ve beş bin liraya verirse alacağını söyler.Satıcı fiyattan biraz ikram yapar.Saati,yedi bin beş yüz liraya satar. Böylece alıcı pazarlık yaparak iki bin beş yüz lira kâr etmiş olur.

Bay Ingo ve Thomas da kilim, bakır tepsi ve antik eşyalar alarak evlerini şark usulü döşemek istiyorlar. Önce kilim satan bir mağazaya gidiyorlar.

Bay Ingo   : Bu kilim kaç lira?
Satıcı   : Yetmiş bin lira.
Bay Ingo   : Çok pahalı. Ufacık bir kilim nasıl yetmiş bin lira olur?
Satıcı   : Bu fiyat normal.Aslında başka biri olsa bu kilimi doksan bin li-
               radan aşağı vermez. Turiste hürmet olsun diye daima indirimli
               fiyat söylüyoruz.
Bay Thomas: Başka yerlere de bakalım. Bence de bu fiyat çok pahalı.
Satıcı   : Bu kilim tam iki yüz yıllık. El ile işlenmiş. Başka hiçbir yerde
               bulamazsınız. Ben size on bin liraya da kilim verebilirim. Ama
               bu kalitede olmaz.

Bay Ingo	: Biz daha çok eşya alaca-ğız. Bize bakır tepsi, si-ni, vazo gerek. Evimize bir şark köşesi kuruyo-ruz. Yetmiş bin lira bir kilime verirsek, başka bir şey alamayız.
Satıcı	: Öyleyse sizin hatırınız için altmış bin olsun. On bin ikram yapalım.

Bay Thomas	: Kırk bin verelim yeter.
Satıcı	: Zarar eder, hiç kurtar-maz, mümkün değil.
Bay Ingo	: Öyleyse elli bin verelim. Zarar etmeyin.
Satıcı	: Hiç kazanmaz, zaten ben o fiyata aldım.
Bay Thomas	: Bizden de kazanmayın. İnşallah başka sefere ge-ne buradan alırız. O za-man kazanırsınız.

Satıcı	: Siz burada misafirimiz sayılırsınız. Bu seferlik de kazanmayalım. De-diğiniz olsun. Size elli bine bırakıyorum.
Bay Ingo	: Biz bir de semaver, an-tik saat ve eski bir gra-mofon almak istiyoruz.
Satıcı	: İstediklerinizin hepsi de var. Lütfen şöyle buy-run, bir bakın.

Bay Thomas	: Bunlar çok güzel. Fiya-tı ne kadar.
Satıcı	: Semaver on beş bin, sa-at yirmi iki bin, gramo-fon da otuz beş bin lira.
Bay Ingo	: Fiyatlar gene çok fazla. Lütfen pazarlık fiyatı söylemeyin.
Satıcı	: Olur olur, hele siz bir karar verin. Fiyatta bir şeyler yaparız.

BAKIRCILAR ÇARŞISINDA

Bay Ingo : Pazarlık yapmasaydık, kilimi yetmiş bin liraya alacaktık. İyi ki pazarlık yaptık. Tam yirmi bin lira kârımız oldu.

Bay Thomas: Haklısın burada mal alırken mutlaka pazarlık yapmak gerek. Semaver, saat ve gramofonu da oldukça ucuza aldık sayılır.

Bay Ingo : Bizim için en önemlisi bakır tepsi. Geçenlerde şurada bir dükkânda güzel bir tepsi görmüştüm. Yüz bin lira istemişti. Belki pazarlık edersek biraz ucuza alabiliriz.

Bay Thomas: Bir deneyelim.

Bay Ingo : İşte şu dükkân.

Satıcı : Buyurun efendim.

Bay Ingo : Geçenlerde sizde bir tepsi görmüştüm. Bir de arkadaşımla bakmak istiyoruz.

Satıcı : Hay hay efendim. Buyurun bakın.

Bay Ingo : Bu tepsi kaç lira?

Satıcı : Bu tepsi değil, sini. Tepsi biraz daha küçük olur.

Bay Ingo : Demek adını yanlış öğrenmişim. Bu sini kaç lira?

Satıcı : Yüz yirmi bin lira.

Bay Ingo : Nasıl olur? Daha geçen hafta yüz bin lira demiştiniz.

Satıcı : Ya, öyle mi? peki sizin için yüz bin olsun.

Bay Thomas: Yüz bin lira da pahalı. Biraz daha ikram edin.

Satıcı : Bu sini el işi. Bakır üzerine bu nakışlar el ile işlenmiş. Usta, bir sini üzerinde günlerce çalışıyor. Üstelik bu sini 1824 tarihinde yapılmış. Antik değeri var. Şimdi kolay kolay yapılamaz. Başka yerde de böyle bir sini bulamazsınız.

Bay Thomas:	Haklısınız, ama yüz bin lira çok para. Biraz ikram edin. Biz daha pek çok şey alacağız. Hepsine paramız yetmez.
Satıcı	: Hatırınız için doksan bin olsun. Daha aşağı veremem.
Bay Ingo	: Yetmiş bin yeter. Biz daha çok şeyler alacağız.
Satıcı	: Sizin için seksen bin olsun. Ayağınız alışsın.
Bay Thomas:	Yetmiş bin lira yeter. Tamam mı?
Satıcı	: Tamam, bu seferlik öyle olsun.
Bay Ingo	: Bir hasır sepet, bizim hanımlar için de kolye, küpe vesaire alacağız. Siniyi de dönüşte buradan alalım. Elimizde taşımayalım.
Satıcı	: Elbette efendim. Nasıl isterseniz. Ben paket yapıp hazır edeyim. Siz istediğiniz zaman alırsınız.
Bay Ingo	: Oldu, dönüşte alırız. Şimdilik hoşça kalın.
Satıcı	: Güle güle, alış verişte bol şanslar. Pazarlık etmeyi unutmayın.
Bay Ingo	: Hiç unutur muyuz? Bugün epeyce kârımız oldu. Artık pazarlığı öğrendik.

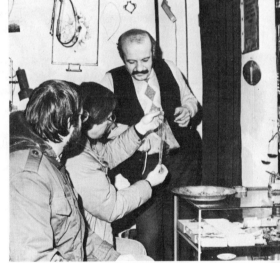

Dilbilgisi:

Geçişli eylemler: Nesne ile kullanılabilen eylemlerdir.

Cümlede belirtili nesneyi bulmak için **neyi, kimi,** sorularını sorarız.

— Bay Ingo neyi aldı?
— Bay Ingo kilimi aldı.

kilimi : nesne
al-mak: geçişli eylem

— Bay Thomas neyi gördü?
— Bay Thomas semaveri gördü.

— Bay Ingo kimi gördü?
— Bay Ingo Ali'yi gördü.

— Kemal Bey kimi sordu?
— Kemal Bey Rail Hanımı sordu.

Nesne: Cümlede öznenin yaptığı işten etkilenen kelimeye nesne denir.

Belirtisiz nesne: Belirtisiz nesnede nesne yalın durumdadır. Yapılan genel ve herhangi bir işi bildirir.

Satıcı para aldı.
Bay Ingo kilim aldı.
Kemal Bey balık tuttu.
Esen Hanım araba kiraladı.

Belirtili nesne: Belirtili nesne, belirtme eki alır. Yapılan belirli bir işi bildirir.

Satıcı parayı aldı.
Bay Ingo kilimi aldı.
Kemal Bey balığı tuttu.
Esen Hanım arabayı kiraladı.

Ali kitap okudu (Belirtisiz nesne)
Ali'nin hangi kitabı okuduğu belli değildir.

Ali kitabı okudu. (Belirtili nesne)
Ali'nin okuduğu kitap bellidir.

Geçişsiz eylemler: Nesne ile kullanılmayan eylemlerdir.

Satıcı müşterilerle pazarlık yapıyor.
Bay Ingo çok gülüyor.
Bay Thomas güzel bir tepsi almaya gidiyor.
Çocuk gece gündüz durmadan ağlıyor.

Geçişsiz eylemler tümleçlerle kullanılır. Bu tümleçleri bulmak için **kim, ne, nereye** sorularını sorarız.

— Satıcı ne yapıyor?
— Satıcı müşterilerle pazarlık yapıyor.

— Bay Thomas nereye gidiyor?
— Güzel bir tepsi almaya gidiyor.

— Kim gece gündüz ağlıyor?
— Çocuk gece gündüz ağlıyor.

Kendini olduğundan yüksek görmek kadar, olduğundan aşağı görmek de yanlıştır.
                                                                        Goethe

---

Alıştırmalar:

1. Lütfen cevap veriniz.

1. Pazarlık nedir? ....
2. Sizin ülkenizde de pazarlık yapılır mı? ....
3. Bay Ingo ve Bay Thomas neler almak istiyorlar? ....
4. Pazarlık sonunda ne kadar kâr ediyorlar? ....
5. Bay Ingo ve Bay Thomas aldıkları bu eşyalarla
   ne yapacaklar? ....

2. Aşağıdaki cümlelerde geçen belirtili nesneleri bulunuz.

> Bay Ingo kilimi elli bin liraya aldı. — kilimi

1. Bay Thomas semaveri on bin liraya aldı. ....
2. Satıcı antik saati yirmi bin liraya sattı. ....
3. Bay Ingo tepsiyi çok ucuza aldı. ....
4. Bay Thomas vazoyu taşırken kırdı. ....
5. Bay Ingo gramofonu almadı. ....
6. Bay Thomas tepsinin nakışını çok beğendi. ....
7. Satıcı sininin üzerindeki yazıyı okudu. ....
8. Bay Thomas yüz bin lirayı çok buldu. ....
9. Satıcı, Bay Ingo'yu hemen tanıdı. ....
10. Bay Thomas pazarda Emin Beyi gördü. ....

3. Aşağıdaki cümlelerde geçen belirtisiz nesneleri bulunuz.

> Satıcı Bay Ingo'dan yüz elli bin lira aldı. — yüz elli bin lira

1. Bay Ingo kuyumcudan altın kolye aldı. ....
2. Bay Thomas bir taksi kiraladı. ....
3. Gülay Hanım gümüş bir yüzük beğendi. ....
4. Bay Ingo eşine bir küpe hediye etti. ....
5. Ulrike güzel bir halı aldı. ....
6. Gülsevil fakülte bitirdi. ....
7. Satıcı Bay Ingo'ya on bin lira verdi. ....
8. Bay Ingo şark köşesine semaver koydu. ....

4. Lütfen zaman belirteçlerini bulunuz.

1 ☐ Okula otobüsle gittim.
  ☐ Ayşe güzel bir kızdır.
  ☐ Emin Bey yarın gelecek.
  ☐ Tren çok hızlı gidiyor.

2 ☐ Marmaris'te çok turist var.
  ☐ Uçak havaalanına indi.
  ☐ Esen Hanım erken uyandı.
  ☐ Tekin Bey fotoğraf çekti.

3 ☐ Kemal Bey çok balık tuttu
  ☐ Ulrike, Marmaris'i beğendi.
  ☐ Kaptan şimdi hareket edecek
  ☐ Tekne niçin hızlı gidiyor?

4 ☐ Önce düşün, sonra konuş.
  ☐ Gülay Hanım çay pişirdi.
  ☐ Tekin Bey çok konuşuyor.
  ☐ Tekne kıyıya yanaşamıyor.

5. Lütfen eş anlamlı kelimeleri bulunuz.

1 ☐ affetmek
  ☐ özür dilemek
  ☐ bağışlamak
  ☐ hoş görmek

2 ☐ kaynaşma
  ☐ anlaşma
  ☐ sulh
  ☐ barış

3 ☐ cumhurbaşkanı
  ☐ vekil
  ☐ başbakan
  ☐ bakan

4 ☐ tebrik etmek
  ☐ teşvik etmek
  ☐ övmek
  ☐ kutlamak

5 ☐ âlim
  ☐ filozof
  ☐ bilgi
  ☐ gezgin

6 ☐ doktor
  ☐ hastabakıcı
  ☐ hemşire
  ☐ hekim

6. Lütfen zıt anlamlı kelimeleri bulunuz.

1 ☐ hızlı
  ☐ sabırsız
  ☐ yavaş
  ☐ telaş

2 ☐ akıllı
  ☐ bilgili
  ☐ acemi
  ☐ deli

3 ☐ istemek
  ☐ almak
  ☐ vermek
  ☐ sormak

4 ☐ uygun
  ☐ zor
  ☐ anlaşılmaz
  ☐ kolay

5 ☐ kirli
  ☐ temiz
  ☐ lekeli
  ☐ iğrenç

6 ☐ konuşmak
  ☐ tartışmak
  ☐ sohbet etmek
  ☐ susmak

KENDİN OKU BAKALIM

Adamın biri bir gün Hoca'ya:
— Hocam, şu mektubu okur musunuz? der.
Hoca alır mektubu. Evirir çevirir. Baştan başa Arapça. Okuyamaz, adama geri verir:
— Bunu başkasına okut, ben okuyamadım.
— Neden?
— Türkçe değil.
Adam, Hoca'nın okuması yazması yoksanır:
— Ayıp ayıp Hoca: Benden utanmıyorsan şu başındaki kavuğundan utan. Bir de okur yazar geçinirsin.
Hoca kavuğu çıkarıp uzatır adama:
— Madem iş kavuktadır, giy başına da kendin oku bakalım.

DESEM Kİ...

Desem ki vakitlerden bir Nisan akşamıdır.
Rüzgârların en ferahlatıcısı senden esiyor.
Sende seyrediyorum denizlerin en mavisini,
Ormanların en kuytusunu sende gezmekteyim.
Senden kopardım çiçeklerin en solmazını.
Toprakların en bereketlisini sende sürdüm.
Sende tattım yemişlerin cümlesini.

Desem ki sen benim için,
Hava kadar lazım,
Ekmek kadar mübarek,
Su gibi aziz bir şeysin:
Nimettensin, nimettensin!
Desem ki...
İnan bana sevgilim inan.
Evimde şenliksin, bahçemde bahar;
Ve soframda en eski şarap.
Ben sende yaşıyorum,
Sen bende hüküm sürmektesin.
Bırak ben söyleyeyim güzelliğini,
Rüzgârla, nehirlerle, kuşlarla beraber.
Günlerden sonra bir gün,
Şayet sesimi farkedemezsen
Rüzgârların, nehirlerin, kuşların sesinden
Bil ki ölmüşüm.
Fakat yine üzülme, müsterih ol;

Ve neden sonra
Kabirde böceklere ezberletirim güzelliğini,
Tekrar duyduğun gün sesimi gökkubbede,
Hatırla ki mahşer günüdür
Ortalığa düşmüşüm seni arıyorum.

Cahit Sıtkı Tarancı

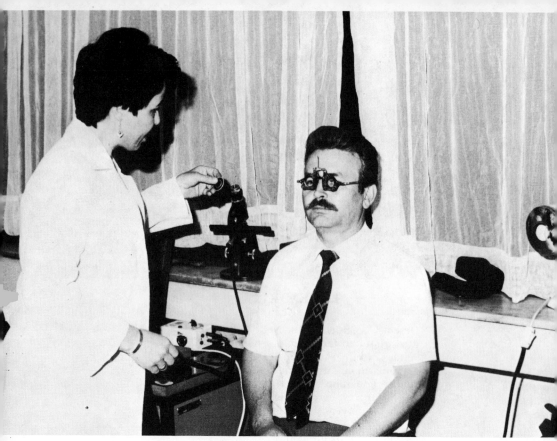

6 GÖZ DOKTORUNDA

Reşat Bey son zamanlarda çok çalışıyordu. Gece gündüz okuyor, hiç boş durmuyordu. Doçentlik sınavını başarıyla vermiş, şimdi de profesör olmak için hazırlanıyordu. Bu sebeple de çok yoğun bir çalışma temposuna girmişti. Arasıra gözleri yorgunluktan sulanıyor, kızarıyor, başına ağrılar giriyordu. Ama o hiç aldırmıyor, çalışmalarına aralıksız devam ediyordu.

Bir gün yine fakülteye gelmiş, erken saatlerde çalışmaya başlamıştı. Birdenbire gözleri kararıverdi, başı döndü. Reşat Bey elleriyle gözlerini oğuşturdu. Bir süre bekledi, sonra gözlerini açtı. Kararma yavaş yavaş geçiyordu. Korkusu hafifledi. Kararma tamamen geçince kitaba bir göz attı. Harfler bulanık görünüyordu. Vakit geçirmeden hemen bir arabaya atlayıverdi. Doğru bir göz doktoruna gitti. Göz doktoru, Reşat Beyi dikkatle dinleyerek muayeneye başladı. Bir taraftan da Reşat Beye sorular soruyordu:

Göz doktoru : Gözlük kullanıyor musunuz?
Reşat Bey : Hayır, kullanmam.
Göz doktoru : Lütfen şu yazıları okuyunuz. Rahat görebiliyor musunuz?
Reşat Bey : Hayır, göremiyorum. Harfler bulanık gözüküyor.

70

Göz doktoru	:	Gözleriniz çok bozuk. Daha önce hiç göz doktoruna gittiniz mi?
Reşat Bey	:	Gittim.
Göz doktoru	:	Size gözlük vermedi mi?
Reşat Bey	:	Verdi, ama ben kullanmak istemedim.
Göz doktoru	:	Neden?
Reşat Bey	:	Gözlük kullanmak çok zor oluyor. Kışın soğuktan sıcağa giriyorsunuz, camlar birden buğulanıveriyor; yazın hemen tozlanıyor. Taşıması da zor. Gözlüğü takınca rahat hareket edemiyorum.
Göz doktoru	:	İlk günler hep öyle olur. Sonradan alışırsınız. Sizin gözlerinizde astigmat da var. Mutlaka gözlük kullanmak zorundasınız. Göz doktoruna en son ne zaman gitmiştiniz?
Reşat Bey	:	İki yıl önce.
Göz doktoru	:	Çok kötü. Sizin gözünüzde hipermetrop var. Özellikle okurken çok zorluk çekersiniz. Biliyorsunuz miyoplar yakını görür, uzağı iyi göremez. Hipermetroplar uzağı görür, yakını iyi göremez. Sizin bir de göz tansiyonunuzu ölçelim. Lütfen şu yatağa uzanıverin. Tamam, gözlerinize bir damla damlatacağım. Sakın gözlerinizi kırpmayın. Şimdi oldu. Artık kalkabilirsiniz.
Reşat Bey	:	Gözlük yerine lens kullansam?
Göz doktoru	:	Olabilir. Gözlük istemediğinize göre, size lens takabiliriz.
Reşat Bey	:	Bence lens daha iyi. Hiç kimse gözümün bozuk olduğunu fark etmez.
Göz doktoru	:	Galiba siz biraz da gözlüğün sizi yaşlı göstermesinden korkuyorsunuz.
Reşat Bey	:	Ne münasebet. Hiç öyle bir korkum yok. Ben henüz gencim.
Göz doktoru	:	Canım, ben şaka yapıyorum. Küçük çocuklar bile gözlük takıyor. Gözlük, yaşlılık işareti değildir. Maalesef çağımızın hastalığı. Kötü şartlarda,yetersiz ışıkta kitap okumak, televizyon seyretmek insanın gözlerini çabucak bozuyor.
Reşat Bey	:	Benim televizyon seyredecek zamanım olmuyor. Ama çocuklar televizyonun karşısından kalkmak istemiyorlar. Bu da onların gözlerini çok çabuk bozuyor.
Göz doktoru	:	Haklısınız, programları seçmeli, yararlı olanları seyretmeliyiz.
Reşat Bey	:	Çocuklar bir türlü söz dinlemiyor ki! Ben televizyonu kapatıyorum, onlar açıyor.
Göz doktoru	:	Onlara zorla değil de ileride gözlerinin bozulacağını açıklayarak bunu kabul ettirmemiz gerekiyor. Ben size bir lens hazırlayayım. Önümüzdeki çarşamba günü gelebilir misiniz?
Reşat Bey	:	Gelebilirim. Saat kaçta?
Göz doktoru	:	Saat on dört otuzda.
Reşat Bey	:	Tamam, teşekkür ederim.
Göz doktoru	:	Bir şey değil. Haftaya görüşmek üzere.

SAĞIRIN HASTA ZİYARETİ

İyi kalpli sağır bir adam, bir gün komşusunun hasta olduğunu öğrenir. Kendi kendine:

— Komşum hastalanmış. Onun ziyaretini yapmam, hal ve hatırını sormam lazım. Ama ben sağır bir adamım. O da hasta, sesi çıkmaz. Zaten hastaya bilinen şeyler sorulur, bilinen cevaplar alınır. Ben nasılsınız, diyeceğim. O iyiyim, teşekkür ederim, diyecek. Ne yiyorsun desem, elbet bir yemek ismi söyleyecek, ben de afiyet olsun derim. Size hangi doktor bakıyor, diye sorarsam, bir doktor adı verecek. Ben de iyi doktordur derim, olur biter, diye düşünür. Hastayı ziyarete gider, başucuna oturur:

— Nasılsınız? diye hal, hatır sorar. Hasta inleyerek:

— Ölüyorum! diye cevap verince, sağır adam:

— Oh oh, çok memnun oldum, diye karşılık verir.

Hasta:

— Bu ne demek, adam ölümüne memnun oluyorum diyor, diye kızar.

Sağır adam tekrar sorar:

— Ne yiyorsunuz?

Hasta kızgınlıkla:

— Zehir!.. der.

Sağır, onun bir yemek ismi söylediğini sanarak:

Afiyet olsun, diye karşılık verir.

Hasta büsbütün çileden çıkmıştır. Sağır adam sormaya devam eder:

— Tedavi için doktorlardan kim geliyor?

Hasta:

— Hadi be defol!... Azrail geliyor, diye cevap verir.

Sağır:

— Çok bilgin, tecrübeli bir doktor... İnşallah yakında çaresini bulur, deyince hasta dayanamaz:

— Kahrol!..., diye bağırır.

Sağır ise, komşuluk hakkını yerine getirdiği için çok memnun ayrılır.

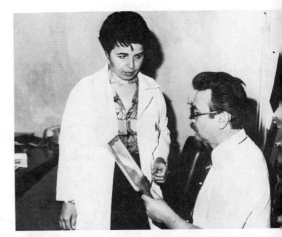
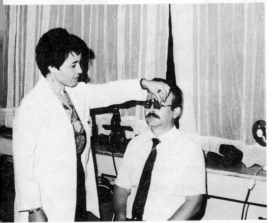
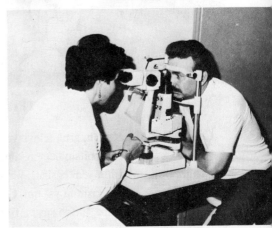
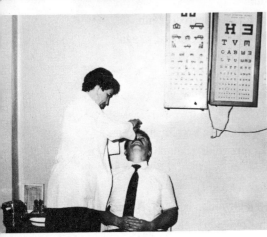
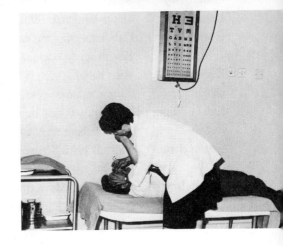

TELEVİZYON

Cengiz Bey	: Kerem, artık televizyonu kapatıver!
Kerem	: Film bitsin hemen kapatırım babacığım.
Cengiz Bey	: Film yeni başladı. Bir saatten önce bitmez. Ödevlerini yaptın mı?
Kerem	: Bir kısmını yaptım. Geri kalanını da filmden sonra yapacağım.
Bahar	: Baba, lütfen susun, filmi izleyemiyorum.
Cengiz Bey	: Senin uyku saatin gelmedi mi?
Bahar	: Hiç uykum yok. Film çok güzel, onu seyredeceğim.
Cengiz Bey	: Çabuk televizyonu kapatın! Bahar, sende doğru yatağa! Kerem sende ödevini tamamla, hemen yat!
Kerem	: Ama baba!..
Cengiz Bey	: Aması, maması yok! Derhal dediklerimi yapın.
Erksin Hanım	: Neler oluyor, yine ne var?
Bahar	: Anne, babam televizyonu kapattı. Film seyredemiyorum.
Erksin Hanım	: Babanız haklı. Sizin uyku saatiniz geldi. Hadi ikinizde hemen yata ğa!
Cengiz Bey	: Kerem okul ödevlerini henüz yapmamış.
Erksin Hanım	: Nasıl yapsın, sabahtan beri televizyonun başında. Bu gidişle ikisi nin de gözü bozulacak. Bahar okula gitmeden gözlük takmak zo-

	runda kalacak.
Cengiz Bey	: Yalnız gözleri bozulsa iyi. Bu aptal kutusu bütün çocukları zehirliyor. Son araştırmalara göre televizyonun çocuklarda zeka geriliği ne sebep olduğu tesbit edildi.
Erksin Hanım	: Aman, Allah esirgesin, bizim çocuklar geri zekalı olmasın!
Cengiz Bey	: Asıl kabahat bizdeÇocuklara çok yumuşak davranıyoruz.Çocuk programları dışında televizyon seyretmeyi yasaklamalıyız.
Kerem	: Ama baba, b gün pazar olduğu için çok televizyon seyrettik. Başka zaman bu kadar seyretmiyoruz.
Cengiz Bey	: Pazar günü dinlenmek içindir. Siz devamlı televizyon seyrederek gözlerinizi aşırı yoruyorsunuz. Üstelik televizyona çok yakın oturuyorsunuz. Televizyon ekranından üç veya beş metre uzaklıkta oturmanız gerekir. Siz o kadar yakın oturuyorsunuz ki neredeyse televizyonun içine gireceksiniz.
Bahar	: Baba ben okula gidince televizyon seyretmeyeceğim. Hep ders çalışacağım. Şimdi şu filmi seyredeyim, başka film seyretmeyeceğim.
Cengiz Bey	: Bu film çocuklar için değil. Basit bir gangaster filmi. Uyku daha önemli.
Kerem	: Ama baba çok heyecanlı bir film. Ne olur bu filmi seyredelim!
Erksin Hanım	: Fazla ısrar yok. Haydi ikinizde yatağa. Bundan sonra böyle uzun uzadıya televizyon seyretmek yasak.
Kerem	: Ben ödevimi yapacağım. Bahar yatsın.
Erksin Hanım	: Önce ödev yapılır, sonra televizyon seyredilir. Sen ise tam tersini yapıyorsun. Bak baban söyledi. Televizyon çocukları geri zekalı yapıyormuş. Geri zekalı olursan, bundan sonra ödevlerinide yapamazsın.
Kerem	: Ben geri zekalı değilim.
Cengiz Bey	: Öyleyse hemen git, yat.
Kerem	: Ödevimi yapmazsam öğretmenim kızar.
Erksin Hanım	: Ödevini yap, hemen yat! Zamanında uyumazsan bu defa da vücudun gelişmez. Cılız ve zayıf bir çocuk olursun.
Kerem	: Peki anne, bundan sonra dediklerinizi yapacağım.
Erksin Hanım	: Benim akıllı oğlum zaten sen çok uslusun. Bahar da çok akıllı o da dediklerimi yapacak. Öyle değil mi Bahar?
Bahar	: Evet anne, şimdi hemen yatıyorum.
Erksin Hanım	: İyi geceler, tatlı uykular.
Bahar	: İyi geceler anne, iyi geceler baba.

Dilbilgisi:

Tezlik eylemi: -ı (-i, -u, -ü) vermek

a) Tezlik eylemi acele yapılan işleri belirtir.

Gözleriniz bozulmuş, hemen bir doktora gid**iverin**.
Kitap okuyordum, gözlerim birden karar**ıverdi**.
Reşat Beyin gözleri kararınca, birdenbire çevresindeki her şeyi simsiyah gör**üverdi**.
Kamyon son anda korna çalınca, çocuk topu caddede bırakarak kaç**ıverdi**.
Emel, okula geciktiği için acele giyinip evden çık**ıverdi**.

b) Tezlik eylemi kibarca emir anlamı verir.

Mektupları bu akşam mutlaka yaz**ıverin**.
Yarın işe giderken, bana mutlaka uğray**ıverin**. Size istediğiniz kitapları vereceğim.
Hava iyice soğudu. Pencereleri kapat**ıverin**.
Bundan sonra sağlığınıza biraz dikkat ed**iverin**.
Bu damladan gözlerinize sabah akşam ikişer damla damlat**ıverin**.

geliverdim	alıverdim	okuyuverdim	görüverdim
geliverdin	alıverdin	okuyuverdin	görüverdin
geliverdi	alıverdi	okuyuverdi	görüverdi
geliverdik	alıverdik	okuyuverdik	görüverdik
geliverdiniz	alıverdiniz	okuyuverdiniz	görüverdiniz
geliverdiler	alıverdiler	okuyuverdiler	görüverdiler

Alıştırmalar:

1. Lütfen cevap veriniz.

1. Reşat Beyin neden gözleri bozuluyor? ....
2. Reşat Bey neden gözlük kullanmak
   istemiyor? ....
3. Reşat Bey niçin lensi tercih ediyor? ....
4. Gözleri bozan sebepler nelerdir? ....
5. Doktor lensi ne kadar sürede hazırlıyor? ....
6. Gözlerimizi korumak için neler yapmalıyız? ....

2. Lütfen tezlik eylemine çeviriniz.

> Birden gözlerim karardı. — Birden gözlerim kararıverdi.

1. Birden başım döndü. ....
2. Karşıma aniden bir araba çıktı. ....
3. Telefon birden kapandı. ....
4. Arabanın lastiği aniden patladı. ....
5. Tren aniden durdu. ....
6. Ali Bey evden çok acele çıktı. ....
7. Eski arkadaşına caddede rastladı. ....
8. Gazeteye hızlıca bir göz gezdirdi. ....
9. Kitabı heyecanla bir gecede okudu. ....
10. Bomba patlayınca herkes evine kaçtı ....

3. Lütfen olumsuz yapınız.

> Bu akşam sinemaya gidiver. — Bu akşam sinemaya gitmeyiver.

1. Bu yaz tatile çıkıver. ....
2. Bugün daireye gidiver. ....
3. Yarın Cemil Beyi görüver. ....
4. Bugün arabayı alıver. ....
5. Bu akşam tiyatroya gidiver. ....
6. Kitapları bugün bana bırakıver. ....

4. Lütfen tezlik eylemine çeviriniz.

Şu koltuğa oturun. — Şu koltuğa oturuverin.

1. Mektubu bugün postaya at. ....
2. Bu akşam bize gelin. ....
3. Bir ara göz doktoruna gidin. ....
4. Bu kitabı akşam okuyun. ....
5. Yarın geçerken bana uğra. ....
6. Eve kadar bir taksi tut. ....
7. Daktiloda şu mektubu yaz. ....
8. Ahmet Beye bir telefon et. ....
9. Çıkarken kapıyı kapat. ....
10. Saate bir bak. ....

5. Lütfen eş anlamlı kelimeleri bulunuz.

1
☐ mağlup etmek
☐ savaşmak
☐ yenmek
☐ perişan etmek

2
☐ anlam
☐ manevi
☐ marka
☐ mana

3
☐ kitabevi
☐ matbaa
☐ yayınevi
☐ basımevi

4
☐ zorunlu
☐ yetkili
☐ görevli
☐ mecburî

5
☐ dil
☐ konuşma
☐ lisan
☐ söz

6
☐ muhit
☐ mahalle
☐ cadde
☐ çevre

6. Lütfen zıt anlamlı kelimeleri bulunuz.

1
☐ artmak
☐ büyümek
☐ eksilmek
☐ genişlemek

2
☐ taze
☐ bayat
☐ solmuş
☐ kurumuş

3
☐ dost
☐ kardeş
☐ düşman
☐ arkadaş

4
☐ çürük
☐ bozulmuş
☐ eski
☐ yeni

5
☐ kararlı
☐ zararlı
☐ zavallı
☐ yararlı

6
☐ zengin
☐ tutumlu
☐ fakir
☐ cömert

Güzel Sözler

Gözler kendilerine, kulaklar başkalarına inanırlar.
Alman Atasözü

Bütün mesele, ruhları görebilecek gözler edinmektir.
Lord Byron

Gözlerin konuştuğu dil, her yerde aynıdır.
Herbert

Gözden ırak olan, gönülden de ırak olur.
Türk Atasözü

Göz görür, gönül ister.
Türk Atasözü

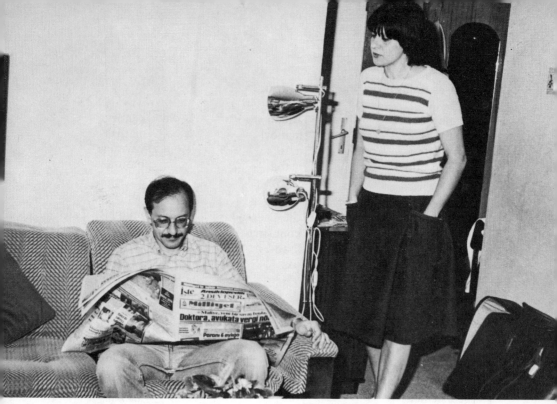

7

BİR GAZETE HABERİ

Lütfi Bey : Hanım bak, gazetede ilginç bir haber var.
Berna Hanım: Ne haberi?
Lütfi Bey : Kadınlar erkeklere göre daha çok yaşıyormuş.
Berna Hanım: Normal.
Lütfi Bey : Nasıl normal?
Berna Hanım: Kadınlar erkeklerden daha akıllıdır, daha dayanıklıdır. Bu sebeple de erkeklerden daha çok yaşar.
Lütfi Bey : Canım sen neden söz ediyorsun, ben neden söz ediyorum.
Berna Hanım: Gerçeklerden söz ediyorum. Bak zaten bunları gazete de yazıyormuş. Az önce sen söyledin.
Lütfi Bey : Ben sadece kadınların erkeklerden daha çok yaşadığını söyledim.
Berna Hanım: Kadınlar erkeklerden daha akıllı olmasaydı, hiç daha uzun yaşarlar mıydı?
Lütfi Bey : Bizden daha akıllı olduğunuz muhakkak. Ama bunun uzun yaşamayla ilgisi ne?
Berna Hanım: Bak, sizlerden daha akıllı olduğumuzu sen de kabul ettin.
Lütfi Bey : Elbette daha akıllısınız. Biz erkekler daima en zor işlerde çalışır, çabucak yıpranırız. Sizlerse kadın olduğunuz için en hafif işlerde çalışır, hiç yıpranmazsınız. Bu sebeple de erkeklerden daha çok yaşarsınız.

Berna Hanım:	Bu sözlerin doğru olduğunu kabul etmiyorum.Kadınlar da artık çalışıyor.
Lütfi Bey :	Doğru, ama hafif işlerde çalışıyor.
Berna Hanım:	Benim işimin neresi hafif. Akşama kadar bürodayım. Eve geliyorum, temizlik, yemek, bulaşık, çamaşır derken kendimi yatağa zor atıyorum. Bugünlerde başım yorgunluktan döner oldu. Yorgunluktan hiçbir şey düşünemez oldum.
Lütfi Bey :	Tamam, tamam. Gene başlama. Siz bizden daha çok çalışıyorsunuz. Daha akıllı ve dayanıklısınız. Şöyle tarihe bir göz at bakalım. Bütün büyük filozoflar, bilim adamları, idareciler hep erkeklerden çıkmış. En büyük keşif ve icatlar erkekler tarafından yapılmış.
Berna Hanım:	Madam Curie de bir kadındır. Bilim alanında çok başarılı çalışmaları vardır.
Lütfi Bey :	Zaten ne zaman böyle bir tartışma açılsa hemen Madam Curie'yi örnek verirsiniz. Kadınlar arasından çıkan bilgin ve filozofların sayısı yüzde bir bile değil.
Berna Hanım:	Şimdiki İngiltere Başbakanı Margaret Teacher da bir kadındır.
Lütfi Bey :	Ama diğer ülkelerin başbakanları da yüzde doksan mutlaka erkektir. Birkaç örnek sizlerin daha akıllı olduğunuzu göstermeye yetmez. Bunu bilmiş ol.
Berna Hanım:	Sen de bilmiş ol ki, dünyayı erkekler, erkekleri de kadınlar idare eder. Bunu sana kaç defa anlatacak oldum. Bir türlü anlamadın.
Lütfi Bey :	Ben asıl seni anlayamaz oldum. Bu konuyu niçin bu kadar büyüttün. Sana bir gazete haberi okuyacak oldum. Beni perişan eyledin. Konuyu başka tarafa sürükledin.
Berna Hanım:	Asıl sen beni perişan eyledin. Yıllardır bir kadın olarak neler hissettiğimi anlamadın. Beni hep yemek yapan, bulaşık yıkayan bir makine gibi gördün. Sen beni ne zannediyorsun? Ben bir hizmetçi miyim, yoksa senin eşin mi?
Lütfi Bey :	Hanım, galiba bu tartışmadan bir aile faciası çıkacak. Ben gazete haberini okumaktan vazgeçtim.
Berna Hanım:	Öyleyse ver ben okuyayım.
Lütfi Bey :	Al oku. Eğer gazetede yazılanlar doğruysa kadınlar hızla çoğalacak ve dünyanın idaresi onların eline geçecek.
Berna Hanım:	İşte o zaman dünya huzura kavuşur.
Lütfi Bey :	İşte o zaman dünya mahvolur.
Berna Hanım:	Neden mahvolur?
Lütfi Bey :	Dünya bir dedikodu yuvasına döner.
Berna Hanım:	Dedikodu yapmak, savaş yapmaktan daha az tehlikelidir. Erkekler savaş yaparak eninde sonunda dünyayı yok edecekler.
Lütfi Bey :	Sizlerle baş edilmez. Ben gidiyorum.

KADINLAR
ERKEKLERDEN
DAHA ÇOK
YAŞIYOR

Amerika'da mevcut yaşama istatistiklerine göre kadınlar erkeklerden daha uzun yaşamaktadır. 1966 yılındaki bulgular kadın sayısının erkek sayısından iki milyon daha fazla olduğunu göstermektedir. Ayrıca yapılan araştırmalara göre 25 yaş ve yukarısı gruplarda kadın sayısının erkek sayısına oranla daha çok arttığı anlaşılmıştır.

65 yaş ve yukarısı her 100 erkek için, 1275 kadın mevcuttur. 1980 yılında bu yaş grubunda olan her 1000 erkek için 1500 kadın mevcut olacak ve bu büyüme, kadınlar lehine daha da artacaktır. 65 ve yukarısı yaşta olan bütün kadınların 2/3'ü duldur ve her üç dul kadına karşı bir dul erkek mevcuttur. 1950-1960 arasında dul kadınların sayısı % 17.7 çoğalmış, buna karşılık dul erkek sayısı % 2,4 azalma göstermiştir.

Yine Amerika'da yeni doğan kız çocuklarının yaşama süreleri, yeni doğan erkek çocuklarından yedi yıl daha uzundur.

Niçin?

Tıp henüz bu soruya kesin bir cevap bulamamıştır. Ancak bununla ilgili olarak ortaya pek çok tez atılmıştır. Bunlardan bazıları ilmî bulgularla desteklenmiş; birçoğu ise tez olmaktan ileri gidememiştir. Dr. Katherine Boucot'ya göre erkek ve kadının yaşama süreleri arasındaki dengesizlik bazı tıbbî ve sosyal faktörlere dayanmaktadır. Bu faktörlerin bir an önce bulunup, dengesizliğin giderilmesi, Amerika'yı çok kısa bir gelecekte kadınlardan meydana gelen bir ülke haline gelmekten kurtaracaktır.

Dr. Boucot'ya göre bu problemle uğraşan birçok araştırıcı bir türlü esasa inememekte ve böylece de kadın ve erkek hayat süreleri arasındaki farkı izah edememektedirler. Aslında pek çok canlının dişisi aynı canlının erkeğinden daha uzun ömürlüdür. Fareler, domuzlar ve daha birçok hayvanda görülen bu husus, dişisinin biyolojik yapı bakımından daha kuvvetli ve dayanıklı olduğunu ima eder mahiyettedir.

Bu ihtimali destekleyen istatistikî ve biyolojik bulgulardan bir kısmını inceleyelim:

Ana rahmindeki dişi ceninler erkek ceninlere nazaran daha dayanıklıdır. Dişi ceninlerin ölüm oranı, erkek ceninlere nazaran % 50 daha azdır. Erken doğumlarda kız çocukların ölüm oranı, erkek çocuklara nazaran % 50 azdır. Doğumu takip eden ilk ay içinde meydana gelen ölümlerde kız çocukların ölüm oranı, erkek çocuklara kıyasla % 50 daha azdır. Doğumu takip eden bir yıl içinde ölen her 100 çocuktan 75'i erkektir.

Büyüme çağında kızlar, oğlanlardan daha çabuk gelişir, konuşur ve muayyen bir yaşa kadar daha çabuk büyür. Beş ile dokuz yaş arasındaki çocuk ölümlerinde, erkek çocuk ölümleri kızlara nazaran iki mislidir. 15 ile 19 yaş arasında bu oran % 145 olarak kendini göstermektedir.

Bütün yaş grupları içinde kalp hastalıklarına en fazla yakalananlar erkeklerdir. 40 ile 70 yaş arasındaki kritik yaş grubu içinde bir kadına karşılık iki erkek, bu hastalıktan ölmektedir. Ülser, kanser, zatürre, tüberküloz ve gut hastalıklarına erkekler kadınlardan daha fazla yakalanmaktadırlar.

TÜRKİYE'DE DURUM

Ülkemizde de kadınlar erkeklere göre daha fazla yaşamaktadırlar. Kadın nüfusu erkek nüfusundan az olmakla beraber, 1965 sayımına göre 31.391.421 olan genel nüfusumuzun 15.996.964'ü erkek, 15.394.457'si kadındır. 20 ve ondan sonraki sıfırlı yaş gruplarındaki kadın sayısı erkek sayısından daima fazla olmaktadır.

Devlet İstatistik Enstitüsü Nüfus Şubesi Müdürlüğünce hazırlanan çizelgede, 20 yaşına kadar erkek nüfusunun daha uzun yaşama şansı olduğu, bu yaştan sonra ise durumun kadınlar lehine değiştiği görülmektedir.

C İ N S İ Y E T			
Sıfırlı Yaşlar	Toplam	Erkek	Kadın
- 1	790.366	410.515	379.851
10	991.222	526.813	464.409
20	818.758	368.736	450.022
30	923.015	335.427	367.588
40	711.388	300.823	410.565
50	593.808	240.641	353.167
60	547.211	212.311	334.900
70	238.709	81.717	156.992
80	84.509	26.387	58.122
90	18.856	55.752	13.104
98	7.267	2.524	4.743

SEN DE HAKLISIN

Hoca bir ara, kadılık görevi de yapar. İşte bu kadılığı sırasında, bir gün bir davacı gelir. Şikâyetini anlatmaya başlar.

Hoca, dikkatle dinledikten sonra:

— Haklısın, der.

Arkasından şikâyet edilen kişi gelir. Kendisini savunur.

Hoca, ona da:

— Haklısın, karşılığını verir.

Karısı pek şaşar buna:

— Hoca, hiç aklım ermedi bu işe, davacı da haklı, davalı da haklı! Hiç böyle şey olur mu?

Hoca hiç istifini bozmaz:

— Sen de haklısın karıcığım.

CIMBIZLI ŞİİR

Ne atom bombası,
Ne Londra Konferansı;
Bir elinde cımbız,
Bir elinde ayna;
Umurunda mı dünya!

Orhan Veli Kanık

Dilbilgisi:

Yardımcı eylemler: etmek, olmak, eylemek, kılmak

Yardımcı eylemler, ad soylu kelimelerle kullanılarak onlara eylem anlamı kazandırırlar.

etmek:

Berna Hanım çok yorulduğundan söz etti.
Lütfi Beyi dün İstanbul'a yolcu ettik.
Bütün insanları memnun etmek mümkün değil.
Neden bütün erkeklere hakaret ediyorsun?
Bu sözlerin doğruluğunu kabul etmiyorum.
Bugüne kadar yapılan bütün işleri berbat ettin.

Bitişik yazılanlar: Bazı kelimeler etmek eylemiyle kullanılırken ses değişmesine uğrarlar. Ses değişikliğini belirtmek için bu kelimeleri bitişik yazarız.

his + etmek : hissetmek
zan + etmek: zannetmek
af + etmek : affetmek

Bir kadın olarak neler hissettiğimi bir türlü anlamadın.
Sen beni aptal mı zannediyorsun?
Bu defa seni, babanın hatırı için affettim.

Bazı kelimelerin ikinci hecelerinde bulunan ünlüler düşer.

sabır + etmek : sabretmek
keşif + etmek : keşfetmek
kayıp + etmek : kaybetmek
şükür + etmek : şükretmek
azim + etmek : azmetmek

İki gün daha sabrediniz.
İşlerinizi mutlaka halledeceğim.
Sizdeki kabiliyetleri yeni yeni keşfediyorum.
Cüzdanını nerede kaybettiğini hatırlıyor musun?
Verdiği nimetler için Tanrıya şükredelim.
Hayatta başarılı olmak için azmetmek gerekir.

GURÇ GARÇ

olmak:

Akıllı olmak için mutlaka erkek olmak gerekmez.
Bir kadın İngiltere'de başbakan oldu.
Bayramınız kutlu olsun.
Sizinle tanıştığıma çok memnun oldum.
Berna Hanım aşırı yorgunluktan hasta oldu.
Emin Bey altı yıl okuduktan sonra doktor oldu.

Bitişik yazılanlar: Olmak eylemi ses değişmesi olan kelimelerle bitişik yazılır.

Olmak yardımcı eylemi tek heceli kelimelerle kullanılırsa **olunmak** şekline gelir.

his + olmak : hissolunmak
zan + olmak: zannolunmak
red + olmak: reddolunmak

Düşmanın gece yarısı saldıracağı hissolundu.
Müfettişin önce bizim sınıfa geleceği zannolundu.
Jüride oylama sonucu alınan karar reddolundu.

-r, -ar (-er), -ır (-ir, -ur, -ür) olmak:

Berna Hanım kızar gibi oldu.
Soruyu önce hatırlayamadım, düşündükçe aklıma gelir gibi oldu.
Rüyalarımda hep seni görür oldum.
Hasretinden her gün yollara bakar oldum.
Sınavları kazanmak için sabahtan akşama kadar okur oldum.
Kuşlar her sabah penceremde öter oldu.

-maz, (-mez) olmak:

Lütfi Bey gazete okuyamaz oldu.
Berna Hanım aşırı yorgunluktan çalışamaz oldu.
Öğrenci sorulara cevap veremez oldu.
Lütfi Bey hastalanınca işe gidemez oldu.
Futbola başlayınca ders çalışamaz oldu.
Ali Bey son zamanlarda borçlarını ödeyemez oldu.

-mış (-miş, -muş, -müş) olmak:

Lütfi Bey sonunda her şeyi söylemiş oldu.
Berna Hanım haberi okuduktan sonra çok kızmış olacak.
Saat tam ikide misafirler bize gelmiş olacak.
Eve dönerken İsmail Beye uğradı, böylece onu da görmüş oldu.
İşlerin hepsini bu akşam yaparsan, çok yorulmuş olacaksın.
Mektubu bugün yollamakla hata mı yapmış oldum?

-acak (-ecek) olmak:

Berna Hanım bir ara susacak oldu; söze yeniden başladı.
Lütfi Bey tartışmadan vazgeçecek oldu; Berna Hanım konuşmakta ısrar etti.
Lütfi Bey uyuyacak oldu; gözlerine bir türlü uyku girmedi.
Biraz hızlı koşacak oldu; herkes ona bakınca vazgeçti.

kılmak:

Bu eylem Türkçede çok az kullanılmaktadır.

Erkenden sabah namazını kıldı.
Aşıkını, bana kerem kıl.
Bazı kelimeleri hem yardımcı eylemlerle hem de addan eylem yapma ekleri
ile birlikte kullanırız.

Bu olay bana çok etki etti. = Bu olay beni çok etkiledi.
Müdür sigarayı yasak etti. = Müdür sigarayı yasakladı.
Ayşe dün hasta oldu. = Ayşe dün hastalandı.

Alıştırmalar:

1. Lütfen cevap veriniz.

1. Berna Hanım ve Lütfi Bey hangi konuda tartışıyorlar?
2. Kadınlar mı daha akıllıdır, erkekler mi?
3. Kadınlar niçin erkeklerden daha çok yaşamaktadırlar?
4. Amerika'daki bu istatistikler kendi ülkenizde de geçerli midir?
5. Dünyayı kimler idare etmektedir?
6. Tanıdığınız kadın filozof var mıdır?
7. Kadınlar mı, erkekler mi daha dayanıklıdır?
8. Kadınlar mı, erkekler mi daha çok hasta oluyor?

2. Lütfen cümlelerin boş yerlerine uygun karşılıkları bulunuz.

1. Berna Hanım kadınların daha akıllı olduğundan.....   A | memnun oldum.

2. Esen Hanımı dün Marmaris'e.....   B | pişman oldum.

3. Maalesef senin bu teklifini.....   C | yolcu ettik.

4. Ben de sizinle tanıştığıma çok.....   D | okuyamaz oldum.

5. Altı yıl Tıp Fakültesinde okuduktan sonra.....   E | söz etti.

6. Ahsen Hanım gece gündüz çalışmaktan.....   F | gelmiş olacak.

7 Seninle seyahate çıktığıma çok.....   G | vazgeçecek oldu.

8. Sevdiğim kızı hep rüyalarımda.....   H | kabul edildi.

9. Gözlerim bozulunca gözlüksüz kitap.....   I | okur oldu.

10. Mektubu bir defa postaya.....   İ | kabul etmiyor.

11. Uzun süre sustu, bir ara yeniden.....   J | yapmış oldun.

12. Tren tam saat 12'de istasyona.....   K | hasta oldu.

13. Üç yıl sonra sen de üniversiteyi.....   L | doktor oldum.

14. Parası yetişmeyince tatilden .....   M | gelir gibi oldu.

15. Çocuklar televizyon seyretmekten ders.....   N | başlamış olacak.

16. Yaptığımız teklif oy birliğiyle.....   O | ödeyemez oldu.

17. Dersleri bırakıp aşk romanı.....   Ö | atmış oldum.

18. Sırrını başkasına söylemekle büyük bir hata.....   P | geçmiş olacak.

19. O, haberi duyuncaya kadar iş işten.....   R | çalışamaz oldu.

20. İflas edince piyasaya olan borçlarını.....   S | görür oldum.

21. Herşeyi unutmuştum, bir ara aklıma.....   Ş | konuşacak oldu.

22. Biz gidinceye kadar tiyatro.....   T | bitirmiş olacaksın.

3. Lütfen cümlelerin boş yerlerine uygun karşılıkları bulunuz.

1. Başarıya ulaşabilmek için sonuna kadar.....   A   seyretti.

2. Müdür rüşvet alan memuru işinden.....   B   hapsetti.

3. Esen Hanım saatlerce manzaranın güzelliğini.....   C   hükmetti.

4. Depremde evi yıkılınca eşyalarını başka bir yere.....   D   keşfetti.

5. Reşat Nuri Güntekin ölmeden önce tüm eserlerini.....   E   emretti.

6. Ahsen Hanım saatlerce bize nişanlısından.....   F   aksetti.

7. Polis sarhoş sürücüyü sabaha kadar.....   G   nakletti.

8. Kızımın sevmediği bir adamla evlenmesi beni.....   H   metetti.

9. Sezar, Roma İmparatorluğuna diktatör olarak.....   I   hissetti.

10. Çalıştığı iş yerini boşaltarak bir başkasına.....   İ   reddetti.

11. Komutan askerlere sert bir sesle.....   J   azmettik.

12. Türkler, İstanbul'u 1453'te.....   K   zannetti.

13. Yaşlı adam otobüste cüzdanını.....   L   neşretti.

14. Christopher Columbus Amerika'yı 1492 yılında.....   M   affetti.

15. Delikanlı, kızın kendisini sevdiğini o gece.....   N   azletti.

16. Güneş doğunca yemyeşil ağaçların görüntüsü suda.....   O   devretti.

17. Karşısındaki adam sözlerini bitirinceye kadar.....   Ö   raksetti.

18. Saatlerce evleneceği erkeğin özelliklerini.....   P   kahretti.

19. Gençliğin ömür boyu devam edeceğini.....   R   kaybetti.

20. Evi kiraya vermeyi kesinlikle.....   S   bahsetti.

21. Sabaha kadar sevinçle eğlendi, oynadı.....   Ş   sabretti.

22. Anne vazoyu kıran çocuğunu.....   T   fethetti.

4. Lütfen cümle kurunuz.

> Gazetede - Lütfi Bey - okuduğu haber - söz etmek
> Lütfi Bey gazetede okuduğu haberden söz etti.

1. kadınların - erkeklerden - Berna Hanım - bahsetmek - daha akıllı - olduğundan

....

2. affetmek - baba - sınıfta kalmak - çocuğunu

....

3. mesele - bu - dert etmek - fazla - kendine

....

4. binmek - otobüs - sabahleyin - kaybetmek - cüzdan

....

5. bir yıl - fotoğraf dergisi - için - abone olmak

....

6. acele etmek - biraz - için - yetişmek - otobüs

....

7. sigara içmek - okulda - yasak etmek - müdür bey

....

8. televizyon - geceleri - seyredemez olmak - ben

....

9. sabah akşam - günlerden beri - biz - çalışır olmak

....

5. Aşağıdaki yardımcı eylemlerden hangileri bitişik yazılır?

1 ☐ yardım etmek
☐ hak etmek
☐ baş etmek
☐ sarf etmek

2 ☐ söz etmek
☐ sohbet etmek
☐ dert etmek
☐ bahs etmek

3 ☐ hasta olmak
☐ yok olmak
☐ red olunmak
☐ deli olmak

4 ☐ mutlu olmak
☐ zan olunmak
☐ zengin olmak
☐ var olmak

6. Aşağıdaki yardımcı eylemlerden hangileri ayrı yazılır?

1 ☐ affetmek
☐ aksetmek
☐ hissetmek
☐ ayırtetmek

2 ☐ azmetmek
☐ reziletmek
☐ metetmek
☐ hükmetmek

3 ☐ emretmek
☐ sabretmek
☐ mahkumetmek
☐ hapsetmek

4 ☐ seyretmek
☐ keşfetmek
☐ neşretmek
☐ maletmek

8 | MEVLÂNA

Tayfun Bey ve eşi Tülay Hanım uzun zamandan beri Konya'ya giderek Mevlâna'nın türbesini ziyaret etmek istiyorlardı. Konya, Ankara'dan sadece üç saatlik bir mesafedeydi. Buna rağmen bir türlü fırsat bulup da Mevlâna'nın türbesini ziyaret edememişlerdi.

Mevlâna 17 Aralık 1273 tarihinde Konya'da ölmüştü. Bu sebeple her yıl aralık ayında Konya'da Mevlâna Haftası yapılırdı. Mevlâna Haftasına dünyanın her tarafından gelen binlerce kişi katılır, sergiler açılır, konferanslar verilir, mevlevî ayinleri düzenlenirdi. Tayfun Bey bu defa mutlaka Konya'ya gitmek ve Mevlâna Haftasına katılmak istiyordu. Tülay Hanımın bazı önemli işleri vardı. Bu nedenle o, gidip gitmemekte tereddüt ediyordu. Tülay Hanım düşünedursun, Tayfun Bey kararını verdi ve Konya'daki bir otelden bir haftalık yer ayırttı. Çünkü, gecikilirse otellerde yer bulmak mümkün değildi. Tülay Hanım da son ana kadar işlerini bitirebilmek için çalışıp durdu. Fakat işleri bitmedi. Kalan işleri dönüşte yapmaya karar verdi. Tayfun Beyle birlikte yola koyuldular.

Kış olmasına rağmen Konya'da hava çok güzeldi. Tülay Hanım hayranlıkla etrafına bakakaldı. Dünyanın dört bir yanından gelen turistler Konya'da Mevlâna'nın manevî huzurunda buluşmuşlardı. Mevlâna'nın türbesi turistlerle dolup taşıyordu. Tayfun Beyler de önce Mevlâna'nın sandukasının başına gidip, orada dua ettiler. Tülay Hanım ve Tayfun Bey dua ettikten sonra türbeyi gezdiler.

Türbede Mevlâna'nın yakınlarının sandukaları da vardı. Mevlâna'nın kullandığı eşyalar, okuduğu ve yazdığı kitaplar, mukaddes emanetler burada sergilenerek türbe bir müze haline getirilmişti. Tülay Hanım olduğu yerde donup kalmış, türbenin içindeki renk renk nakışları, oymaları, sandukaların üzerindeki el işlemelerini ve tavandan sarkan avizeleri inceliyordu. Tayfun Bey kalabalıktan bir an önce kurtulup dışarı çıkmak istiyordu. Tülay Hanım: "Sen gidedur, ben arkandan geliyorum." dedi. Tayfun Bey gitmedi. Tülay Hanımı kalabalıkta kaybetmekten korkuyordu. Müzede saatlerce etrafı seyrededurdular. Her şeyi teker teker incelediler. Sonra dışarı çıktılar. Tayfun Bey minareye çıkıp türbeyi yukardan seyretmek istediğini söyledi. Tülay Hanım yorgun olduğundan istemedi. Tayfun Bey: "Sen caminin avlusunda bekleyedur, ben hemen geliyorum" dedi. Minareye çıktı. Minarenin tepesinden şehir kuşbakışı çok güzel görünüyordu. Mevlâna'nın türbesine baktı. Türbenin avlusundaki insanlar ufacık gözüküyordu. Tülay Hanımı bekletmemek için minarede fazla oyalanmadı hemen aşağı iniverdi.

Tülay Hanım avluda onu bekliyordu. Tayfun Bey minarede gördüklerini ballandıra ballandıra Tülay Hanıma anlattı. Ertesi gün Tülay Hanım da minareye çıkmaya karar verdi. İkisi de yorulmuşlardı. Otele doğru yola koyuldular.

Öğleden sonra Konya'da bulunan Selçuklu Devletine ait önemli birçok eserleri görecek, Alaâddin Camii, İnce Minare gibi yerleri gezeceklerdi. Akşam da en çok merak ettikleri ünlü mevlevî ayinlerini seyredeceklerdi.

MEVLÂNA'NIN FELSEFESİ

Tayfun Bey : Salonda binlerce kişi var.

Tülay Hanım : Semazenlerin bu şekilde dönüşlerinin bir anlamı var mı?

Tayfun Bey : Mevlâna'ya göre evrende her şey döner. Ay, güneş, yıldızlar, gezegenler, zerreler yani atomlar her şey ama her şey döner. Semazenler de dönerek evrendeki bu genel kanunu dile getiriyorlar. Semazenlerin ellerinden biri yukarıya, diğeri aşağıya doğru uzanır. Bunun da anlamı Hak'tan aldığını, halka vermektir.

Tülay Hanım : Günümüzden yedi yüzyıl önce Mevlâna'nın atomların, yıldızların hareketlerini bilmesi onun bilimde çok ileri olduğunu gösteriyor.

Tayfun Bey : Mevlâna bilim, din, felsefe alanlarında geniş bilgisi olan büyük bir şair ve düşünürdür. Hümanisttir, bütün insanları sever. Onun bütün insanlara seslenen ve onları birliğe, beraberliğe çağıran şu dörtlüğü çok meşhurdur:

Gel gel ne olursan ol yine gel
Kâfir, putperest ve Yahudi olsan da yine gel
Bizim dergâhımız ümitsizlik dergâhı değildir.
Yüz kere tövbeni bozmuş olsan yine gel.

Tülay Hanım : Gerçekten çok güzel bir şiir. Ama Mevlâna dindar bir insan değil mi? Nasıl olur da kâfirleri, putperestleri dergâhına çağırır? Bu İslâmiyete aykırı değil midir?

Tayfun Bey :Maalesef insanların çoğu dini de, Müslümanlığı da yanlış anlamışlardır. Mevlâna, Müslümanlığı en doğru şekilde anlayan ve anlatabilen büyük bir düşünürdür. Nitekim Kur'an'da da aynı şeyler söylenir. Bakara Sûresinin atmış ikinci ayetinde Yahudilerin, Hıristiyanların, Sabiilerin iyi işler yapanların Tanrı katında mükâfatlarının olduğu yazılıdır. Buradan da açıkça anlaşıldığı gibi önemli olan iyi insan olarak yararlı işler yapmaktır. Hıristiyan, Müslüman veya Yahudi olmak önemli değildir.

Tülay Hanım :Zaten Müslüman olmanın bir şartı da Allah'ın peygamberlerine ve kitaplarına inanmaktır.

Tayfun Bey :Doğru, ne yazık ki pek çok kimse kendi dininden olmayanlara kâfir der. En iyi dinin kendi dini olduğuna inanır. Ama kendi dinini iyi tanımaz. Herkes dinini iyi tanısaydı, din yüzünden çıkan bunca savaşların hiçbiri olmazdı.

Tülay Hanım :Bir hadisi hatırladım. Peygamber Efendimize ''Müslüman kimdir?'' diye sormuşlar. ''Elinden, dilinden kimsenin zarar görmediği insandır'' diye cevap vermiş.

Tayfun Bey :Mevlâna'ya göre de din, insanları doğru yola getirmek için sadece bir vasıtadır. Önemli olan iyi bir insan olmaktır.

Tülay Hanım :Yunus Emre de bu konuda aynen Mevlâna gibi düşünüyor.

Tayfun Bey :Yunus Emre, Mevlâna ile aynı yüzyılda yaşamış. İkisi de aynı konuları işlemiş, Yunus Emre de yetmiş iki millete birlik ile bakmamız gerektiğini söyler.

Tülay Hanım :Bence Yunus Emre, felsefesini iki mısrada özetlemiş:
Yaratılmışı hoş gördük
Yaratandan ötürü.

Tayfun Bey :Bence de bu iki mısra yeterli. Uzun söze gerek yok. Tanrı'yı seven, onun yarattıklarını da sever.

Tülay Hanım :Biz konuşmaya daldık, semazenleri unuttuk.

Tayfun Bey :Unutmadık. Semazenleri konuştuğumuz yerde seyrettik. Müziği dinledik. Bu arada da düşüncelerimizi belirttik. Yani Mevlâna'nın yaptığı gibi yaptık. Müziği, dansı ve düşünceyi birleştirdik.

Güzel Sözler

Her din, öteki dinler kadar doğrudur.

Burton

Dinsizin hakkından imansız gelir.

Türk Atasözü

Dinini pula satan, dinden de olur, puldan da.

Türk Atasözü

İSTEKLER BİR DİLLER AYRI

Dört ayrı milletten.dört kişi arkadaş olmuş, seyahat ediyorlardı. Paraları yoktu. Birisi, bunların haline acıyarak bir lira verdi. İçlerinden Arap olan:

— Arkadaşlar, dedi. Bu parayla inep alalım. Benim canım inep istiyor.

İnep, Arapça üzüm demekti. Acem, itiraz etti.

— Hayır, dedi engûr alalım...

Engûr da Farsça üzüm demekti. Rum olanı dedi ki:

— Hayır arkadaşlar, ne inep, ne engûr.. Bize şu sıcakta istafil iyi gelir. İstafil alalım.

İstafil de Rumca üzüm demekti. Sonunda Türk dayanamadı:

— Ben sizin istediklerinizin hiçbirisini istemiyorum. Bu parayla üzüm alalım, dedi.

İnep'ti, engûr'du, yok üzüm'dü, istafil'di diye başladılar tartışmaya... Derken iş kavgaya döküldü, yumruk yumruğa dövüşüyorlardı. O sırada bilgin, kadri yüce bir kişi, oradan geçiyordu. Kavganın sebebini sordu, hepsini ayrı ayrı dinledi. Sonunda anladı ki bu dört adam da aynı şeyi söylüyor, yani üzüm istiyor... Ellerinden paralarını aldı:

— Susun, dövüşmeyin... Ben bu bir lira ile hepinizin isteğini yerine getiririm. Gönlünüzü bana teslim edin. Bu bir liranız, istediğiniz şeylerin hepsini yapar, muratlarınızı yerine. getirir .'' diyerek, çarşıya koştu. Bir liralık üzüm aldı, önlerine koydu. Kavga da bitmişti, dövüş de... dört adam şaşakaldılar...

DEVECİ İLE FİLOZOF

Bir bedevî, devesine iki çuval yükler, kendisi de üzerine binerek yola koyulur. Yolda, üstü başı perişan bir filozofa rastlar. Laf arasında, filozof bedeviye sorar:
— Devenin üzerindeki çuvallarda ne var?
Bedevî:
— Birinde buğday dolu, diğerinde kum.
— Neden kum doldurdun?
— Bedevî cevap verir:
— O çuval boş kalmasın, devenin üzerinde dengeyi tutsun diye...
Filozof bedevîye:
— Akıllılık edip de buğdayın yarısını bir çuvala,diğer yarısını da öteki çuvala koysaydın, hem devenin yükü hafiflerdi, hem de çuvalların, der.
Bedevî bu fikri çok beğenir.
— Hakkın var, düşünemedim...
diyerek, öyle yapar...
Yapar ama, bu derece akıllı adamın haline şaşar. Nasıl olur da bu akılla bu adam böyle perişan gezer, diye düşünür. Merakını yenemez, sorar:
— Ey akıllı adam! Sende bu akıl, bu fikir varken, niye böyle yaya yürüyor, yoruluyorsun? Böyle bir akılla sen, ya sultansın, ya vezir. Doğru söyle nesin sen?..
Filozof cevap verir:
— İkisi de değilim, halktan bir kimseyim.
Bedevî tekrar sorar:
— Kaç deven, kaç öküzün var?
— Hiç.
— Peki, bari dükkânındaki mal ne? Onu söyle?
— Benim ne dükkânım, ne yerim ne yurdum var. Ben filozofum.
— O halde kaç paran var?
— Ne parası, ekmek alacak tek kuruşum yok. Yalınayak, başkabak dolaşır dururum. Bu kadar hikmet ve bilgiden ancak, hayal ve baş ağrısı elde ettim.
Bedevî, bu cevaba fena halde kızar:
— Defol, uzaklaş yanımdan,der. Senin bilgin, nasihatın bana da zarar verir, başıma dert açar. Sen şu yoldan git ben bu yoldan. Bir çuvalımda buğday, öbüründe kum olması senin hikmetinden, boş, faydasız felsefenden daha iyi...

Dilbilgisi:

Sürerlik eylemleri: -a (-e) durmak, kalmak

Sürerlik eylemi devamlılık kavramı verir.

gitmek -e durmak = gidedurmak
bakmak -a durmak = bakadurmak

Sen müzeye kadar gidedur, ben hemen geliyorum.
Sen burada vitrinlere bakadur, ben on beş dakikaya kadar döneceğim.
Onlar otobüsü bekleyedursunlar, biz yürüyerek on dakikada gideriz.
Sen sabah akşam çalışadur, millet çok daha kısa yoldan zengin oluveriyor.

-a (-e) kalmak

Tülay Hanım hayranlıkla etrafına bakakaldı.
Tayfun Bey minareden gördüğü manzaranın güzelliği karşısında bir an yerinde donakaldı.
Sekizinci kattan düşen çocuğun ölmediğini gören halk, hayretten donakaldı.

-p (-ıp, -ip, -up, -üp) durmak, kalmak

Semazenlerin dansına yabancılar şaşırıp kaldılar.
Bir yabancı devamlı fotoğraf çekip duruyordu.
Tülay Hanım dönerken yol boyunca Mevlâna'yı düşünüp durdu.
Tayfun Bey, minareden aşağıya bir süre bakıp kaldı.
Böyle etrafa bakıp durursak, gösteriye yetişemeyeceğiz.
Tülay Hanım Konya'dan döndükten sonra, devamlı Mevlâna'nın mesnevisini okuyup durdu.

durmak eylemi herhangi bir eylemle kullanıldığı zaman sürerlik kavramı verir.

Tülay Hanım Mevlâna'yı düşündü durdu.
Otobüste bir çocuk devamlı ağladı durdu.
Yağmur akşama kadar yağdı durdu.
Konya'da bir hafta müzeleri gezdi durdu.
Hayatı boyunca okudu durdu.

Alıştırmalar:

1. Mevlâna hangi yüzyılda yaşamıştır? ....
2. Mevlâna haftasında neler yapılır? ....
3. Mevlâna türbesinde neler vardır? ....
4. Tayfun Bey minaraye niçin çıkıyor? ....
5. Tayfun Beyler Konya'da nereleri geziyorlar? ....
6. Mevlâna sizce hümanist midir? ....

2. Lütfen sürerlik eylemine çeviriniz.

> Sen otele kadar git. — Sen otele kadar gidedur.

1. Sen burada bekle. ....
2. Sen bu kitabı oku. ....
3. Sen vitrinlere bak. ....
4. Sen odada çalış. ....
5. Sen eve doğru yürü. ....
6. Sen mektubu yaz. ....

3. Lütfen sürerlik eylemine çeviriniz.

> Siz şehri gezin, ben müzeye gidiyorum.
> Siz şehri gezedurun, ben müzeye gidiyorum.

1. Siz evde çalışın, biz bir saate kadar döneriz.

....

2. Siz tiyatronun önünde bekleyin, biz bilet alıp geliyoruz.

....

3. Onlar şehri gezsinler, siz müzeye gidin.

....

4. O, vitrinlere baksın, sen minareye çık.

....

5. Onlar mevlevî ayinini seyretsinler, biz biraz sonra geliriz.

....

4. Lütfen boşluklara -p (-ıp, -ip, -up, -üp) eklerini getiriniz.

> **Tayfun Bey Konya'da saatlerce fotoğraf çekip durdu.**

1. Tülay Hanım saatlerce vitrinlere bak..... durdu.
2. Bilgin hepsinin dediğini yapınca adamlar şaş..... kaldılar.
3. Filozof yol boyunca devamlı konuş..... durdu.
4. Adamlar yumruk yumruğa saatlerce döğüş..... durdular.
5. Deveci filozofun perişan haline acı.... durdu.

5. Lütfen sürerlik eylemine çeviriniz.

> Yağmur sabaha kadar yağdı durdu.
> Yağmur sabaha kadar yağıp durdu.

1. Tayfun Bey Konya'da fotoğraf çekti durdu.

....

2. İki yabancı minareye baktı durdu.

....

3. Tayfun Bey Mevlâna'nın felsefesini düşündü durdu.

....

4. Tülay Hanım akşam okudu durdu.

....

5. Yabancılar semazenlerin dönüşüne hayran oldu kaldı.

....

6. Tülay Hanım caminin avlusunda çevresine baktı durdu.

....

7. Konya dönüşü Tülay Hanım hep Mevlâna'dan söz etti durdu.

....

8. Bir çocuk sokaklarda saatlerce koştu durdu.

....

9. Tülay Hanım Konya'nın güzelliğine şaşırdı kaldı.

....

İLAHİ

Aşkın aldı benden beni
Bana seni gerek seni
Ben yanarım dünü günü,
Bana seni gerek seni

Ne varlığa sevinirim
Ne yokluğa yerinim
Aşkın ile avunurum
Bana seni gerek seni

Aşkın âşıklar öldürür
Aşk denizine daldırır
Tecelli ile doldurur
Bana seni gerek seni

Aşkın şarabından içem
Mecnun olup dağa düşem
Sensin dünü gün endişem
Bana seni gerek seni

Sûfilere sohbet gerek
Ahîlere ahret gerek
Mecnunlara Leyla gerek
Bana seni gerek seni

Eğer beni öldüreler
Külüm göğe savuralar
Toprağım anda çağıra
Bana seni gerek seni

Yunus durur benim adım
Gün geçtikçe artar odum
İki cihanda maksudum
Bana seni gerek seni

YUNUS EMRE

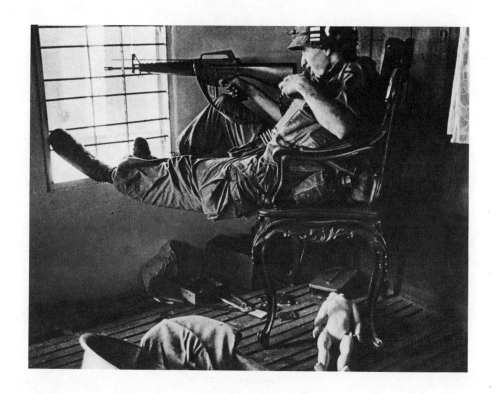

9   SAVAŞ VE ÖLÜM DÜZENİ

Gittikçe genişleyen silahlanma yarışını güvenlik sayan dünya ülkeleri, savunma masrafları için yılda 180 milyar dolar harcamaktadır. Bu rakam gün geçtikçe büyümektedir. Buna karşılık büyük devletlerin kalkınma yardımı olarak ayırdıkları yılda 7 milyar doları bile fazla buldukları görülmektedir. Bu manzara, bu nispetsizlik, deliliğin, çılgınlığın tam ifadesidir. Bu delilik ve bu çılgınlık şifa bulmaz bir çılgınlıktır.

I., II. Dünya Savaşı bu çılgınlığın en güzel örnekleridir. Yakın geçmişte yapılan bu savaşlardaki maddî ve manevî kayıplara bir göz atarak durumu daha kolay değerlendirmemiz mümkün olacaktır.

I. Dünya Savaşı:

a. 28 Temmuz 1914 - 10 Ocak 1920 tarihlerinde, Avusturya, Macaristan, Belçika, Bulgaristan, Fransa, Almanya, Britanya, İtalya, Romanya, Rusya, Yugoslavya, Osmanlı İmparatorluğu, A.B.D. arasında geçmiştir.

b. Encyclopedia Britannica - cilt 23, sayfa 349 - 358'e göre:
Tarafların yalnız silahlara harcadıkları: 186 milyar dolar.
Tarafların net harcamaları: 21 milyar dolar.

c. Türk Ansiklopedisi - cilt 14., sayfa 174'e göre:
Toplam sefer kadrosu : 63.218.000
Ölenler : 9.424.300
Kayıplar : 38.481.000
Öldürülen veya arı-
zadan ölen siviller : 1.300.000

II. Dünya Savaşı:

a. 30 Ağustos 1939 - 17 Mayıs 1945 tarihlerinde, Avusturya, İngiltere, Kanada, Çin, Fransa, Almanya, Hindistan, İtalya, Rusya, Japonya dahil olmak üzere 41 devlet arasında geçmiştir.

b. Tarafların harcamaları : 1.166.825.000.000 dolar

c. Toplam sefer kadrosu : 107.982.000
Ölenler : 16.933.000
Öldürülen veya arıza-
dan ölen siviller : 34.305.000 kişidir.

YAŞAMA SAYGI

Albert Schweitzer I. Dünya Savaşı öncesinde insanlara hizmet etmek üzere Afrika'ya gider. Din, ırk, ve renk ayrımı gözetmeksizin bu kıtada insanlara hizmet eder. 1914 yılında Fransa ve Almanya arasında çıkan I. Dünya savaşı sırasında bulunduğu ülkede düşman olarak kabul edilir.

Bu çok kötü bir durumdu. Yerlilere bunu nasıl açıklayacaktık? Kimseye bir zararı dokunmayan, aksine başkalarına yardım için hayatını feda eden bu adam, birden bire azılı bir cani gibi suçlanıyordu. Beyazlar ne acayip insanlardı! Schweitzer, onlara beyazların yerlilerle kardeş olduğunu söylüyordu. Ama, şimdi Lambarene'ye ilaç ve para gönderen bu beyaz kardeşler birbirlerini öldürüyor, doktoru esir alıyorlardı. Yerliler şaşırmış durumdaydılar.

Schweitzer için milliyet, din, ırk, farkı diye bir şey yoktu. Sadece insanları, ormanları, kiliseyi, çok severdi. Ama bunlara da Alsaslı, Fransız veya Alman olarak değil, insan olarak bağlıydı. Savaşın, tanıdığı bütün insanlara getireceği felaketi düşündükçe yüreği kan ağlıyordu. Din, ırk ve milliyet farkı gözetmeksizin yalnız iyilik ve yardım etmek isteyen bu adama yabancı bir düşman muamelesi yapmak, gerçekten çok acıydı. İki memleketi ayıran sınırın diğer tarafında doğmuş olduğu için şimdi kendi küçük evine hapsedilmişti.

Daha zayıf karakterli bir insan bu durum karşısında kötümser olur, hayata küserdi. Fakat doktor olarak çalışması yasaklanınca, Schweitzer yazı yazmaya başladı. Evin önüne silahlı nöbetçi dikildiği gün Albert Schweitzer yazı masasının başına geçti.

"Bugün, medeniyetin çöktüğünü belirten pek çok olayla karşı karşıyayız." *"Medeniyetin Felsefesi!"* isimli kitabının ilk cümlesi böyle başlıyordu.

Üstlendiği bu iş de çok zordu. Albert Schweitzer, sabahtan akşama kadar durmadan düşünüp yazıyordu. Hastane bomboş duruyordu. Bu olağan dışı durum böyle devam edemezdi.

Bir gün bir yerli, elinde validen bir mektupla geldi. Schwietzer mektubu evirdi çevirdi, bir türlü valinin bu kadar gereksiz bir haberi neden yollamak ihtiyacını hissettiğini kestiremedi. Fransız hükümeti, düşman sayıldığından çalışmasını yasaklayan bir emir göndermişti.

Buradaki vali de bu sebeple Schweitzer'e mecburen engel olmuştu. Buna rağmen yerlilere bakacak doktor olmadığı için vali ikide bir hasta olan yerlilerin eline "önemli" pusulalar tutuşturup, doktora yolluyordu. Ard arda hasta postacılar geliyordu. Doktor'a olan ihtiyaç savaş zamanı verilen emirden ve yasaktan da üstündü.

Bu sırada Schweitzer'in Paris'teki dostları boş durmadılar. Her tarafa dilekçelerle müracaat ederek doktoru kurtarmaya çalıştılar. Nihayet üç ay sonra Schweitzer'in işine devam edilmesine izin verildi ve serbest bırakıldı.

Bu arada Schweitzer'in para ve ilaç stokunun tükendiğini belirtmeye gerek yoktu. Acil ihtiyaçları karşılamak için misyoner cemiyetinden borç aldı. Fakat savaş uzadıkça alet ve ilaç bulma gittikçe zorlaştı. Para veremediği için Joseph ayrıldı gitti. Alman denizaltıları suları taradığı için Avrupa'dan yiyecek gönderilemiyordu. Yerliler, askere alındığı için işçi kıtlığı baş gösterdi.

Schweitzerler biraz pirinç ve meyve ile kıt kanaat geçiniyorlardı. Mümkün olduğu kadar hastaları doyurmaya çalışıyorlardı. Uygarlıktan uzak, beyaz dünya ile bütün bağları kesilmiş vahşi alemde en ufak şey bile çok değerliydi. Bu yüzden mümkün olduğunca tutumlu olmaya uğraşıyorlardı. Noel'de ufak bir palmiye ağacına birkaç mum yakıp astılar, mumlar bitmesin diye de hemen söndürüp ertesi yıla sakladılar.

Savaş uzadıkça yerlilere bunu anlatmak zorlaşıyordu. Çünkü gençler Avrupa'ya asker olarak gönderiliyor, bir çoğu geri gelmiyordu. Bir gün askere giden gençlerle dolu bir şehir vapuru kalkmak üzereyken schweitzer de orada bulunuyordu. Schweitzer, kalabalık dağıldığı halde oğlu vapurla giden ihtiyar bir kadının, sahilde oturup sessizce ağladığını hatırlıyordu. "elini tuttum, teselliye çalıştım, ancak o beni duymamış gibi ağlıyor, cevap vermiyordu." Schweitzer'in de gözlerinden yaşlar boşanmıştı. En son iki yaşındayken bir arının sokması yüzünden ağlamıştı. O zamandan beri ilk defa ağlıyordu. Yas tutan kadının elini tutarak hıçkıra hıçkıra ağladı; yapacak bir şey yoktu.

Beyazlar neden birbiriyle savaşıyorlardı? Yerliler bunu bilmek istiyorlardı. Kabile reisleri toplanıp anlaşamazlar mıydı? Sonra o kadar ölünün günahının altından nasıl kalkacaklardı? Birbirlerini sebepsizce öldüren beyazları anlayamıyorlardı. Ölülerini yemiyorlardı bile!

Çok geç ve zor olmasına rağmen arada bir Lambarene'ye posta geliyordu. Bu arada acı bir haber geldi: Albert Schweitzer'in annesi ölmüştü. Alsasta, sokakta yürürken, bir alman süvari alayının atları tarafından çiğnenerek öldürülmüştü!

Schweitzer'in kalbi acı ve keder doldu. Avrupa boydan boya kan ve yıkıntı içindeydi, kendi çevresindeyse sadece korku, hastalık ve ölüm vardı. Bütün bu uğraşıları ne işe yarıyordu? O, bir can kurtarmaya çalışırken, her gün binlerce insan ölüyordu. Değer miydi?

Evet, değerdi. Can çıkmadıkça ümitsizliğe düşmek bir doktora yakışmazdı. Şimdi bütün insanlık hastaydı. Filozof da doktor demekti. İnsanlığın hastalığına teşhis koyması lazımdı.

Albert Schweitzer'in hikayesinden
Anita Daniel'in

Dilbilgisi

Addan eylem yapan ekler: Bazı ekler adlara gelerek bu adları eylem yaparlar. Fakat bu kural tüm adlar için geçerli değildir.

-la (-le):

su, su-la-mak	: Bahçedeki bütün çiçekler sulandı.
temiz, temiz-le-mek	: Elbiselerdeki kir lekeleri temizlendi.
göz, göz-le-mek	: Büyükanne yıllardır çocuklarının yolunu gözlüyor.
yol, yol-la-mak	: Mektubu bu sabah postayla yolladım.
hazır, hazır-la-mak	: Araba seyahat için hazırlandı.

-lan (-len):

ses, ses-len-mek	: Öğretmen öğrencinin arkasından seslendi.
öfke, öfke-len-mek	: Baba oğluna öfkelendi.
hoş, hoş-lan-mak	: Senden çok hoşlandım.
borç, borç-lan-mak	: Evi yaptırabilmek için çok borçlandım.
ev, ev-len-mek	: Bundan tam dört yıl önce evlenmiştim.

-al (-el), -l:

boş, boş-al-mak	: Herkes tatile gidince evler boşaldı.
düz, düz-el-mek	: Banka kredi verince, işler iyice düzeldi.
az, az-al-mak	: Son zamanlarda çocuklarda suç işleme oranı azaldı.
ince, ince-l-mek	: Hastalıktan sonra iyice ufaldı, inceldi.
kısa, kısa-l-mak	: İkiye kesince kumaşın boyu kısaldı.

-a (-e):

yaş, yaş-a-mak	: Ölünceye kadar eşi ve çocuğuyla mutlu yaşadı.
kan, kan-a-mak	: Yemek yerken birden burnu kanadı.
boş, boş-a-mak	: Kırk yıllık karısını bir celsede boşadı.
tür, tür-e-mek	: Son zamanlarda çevrede mantar gibi hırsız türedi.

-ar (-er):

yaş, yaş-ar-mak	: Annesinden ayrılırken duygulandı, gözleri yaşardı.
mor, mor-ar-mak	: Soğuktan elleri yüzleri patlıcan gibi morarmıştı.
kara, kara-r-mak	: Akşam üzeri ortalık iyice kararmıştı.
ak, ağ-ar-mak	: Sabaha karşı ortalık iyice ağardı.
sarı, sar-ar-mak	: Hastalıktan benzi sarardı, soldu.

-laş (-leş):

mektup, mektup-laş-mak	: İki yıldır bir Amerikalı kızla mektuplaşıyorum.
güzel, güzel-leş-mek	: Son zamanlarda çok güzelleştiniz.
yer, yer-leş-mek	: Çok yer gezdim, sonunda Ankara'ya yerleştim.
dert, dert-leş-mek	: Ayşe Hanım kocasıyla sabaha kadar dertleşti.
güç, güç-leş-mek	: Üniversiteye girmek çok güçleşti.

-sa (-se):

su, su-sa-mak	: Yoldan gelmişti, yorgundu, çok susamıştı.
garip, garip-se-mek	: Bu ülkeye yeni gelmişti, her şeyi garipsiyordu.
önem, önem-se-mek	: Çok titizdi, mesleğiyle ilgili her şeyi önemserdi.
umur, umur-sa-mak	: Çok gururluydu, kimseyi umursamazdı.

-msa (-mse):

ben, ben-imse-mek	: Adam önce razı olmadı, sonra işi benimsedi.
az, az-ımsa-mak	: İşçi kendisine verilen ücreti azımsadı.
kötü, kötü-mse-mek	: Sen bu işi kötümseme, iyi para kazanabilirsin.
küçük, küçü-mse-mek	: İnsanın düşmanlarını çok küçümsememesi gerekir.

Alıştırmalar:

1. Lütfen cevap veriniz.

1. Silahlanma yarışı niçin devamlı büyümektedir?
2. Büyük devletler kalkınma yardımına kaç dolar ayırmaktadırlar?
3. I. Dünya Savaşında kaç kişi ölmüş ve öldürülmüştür?
4. II. Dünya Savaşına kaç devlet katılmıştır?
5. Bir atom denizaltısı yerine kaç hastane yapılabilir?
6. Bir bombardıman uçağına harcanan parayla neler yapılabilir?
7. Sizce bu paralar barış için mi, yoksa savaş için mi harcanmalıdır?
8. Savaşı önlemek mümkün müdür, nasıl?

2. Aşağıdaki adlardan -la, -le ekleri ile eylem yapınız.

hesap .... hesaplamak

yavru..................	baş......................	geri.....................
diş......................	taş......................	çaba....................
iş........................	süs......................	ek.......................
fiş......................	hece....................	büyü...................
ütü.....................	kira....................	depo....................
top.....................	göğüs..................	program..............

3. Aşağıdaki adlardan -lan, -len ekleri ile eylem yapınız.

akıl.................... akıllanmak

alev....................	umut..................	heves..................
ayak..................	acı......................	hiddet................
can....................	hız......................	fayda.................
sevda................	his......................	şüphe.................
çiçek..................	duygu.................	hırs....................
dert...................	söz	aksi....................

112

4. Aşağıdaki adlardan -laş, -leş ekleri ile eylem yapınız.

fena.................... fenalaşmak

söz.....................	aptal....................	veda....................
iyi.....................	saf.....................	kaba....................
millî....................	haber....................	komik....................
kör.....................	şaka....................	hırçın....................
sağır....................	telefon.................	cimri....................
sabit....................	toka....................	ebedî....................

5. Aşağıdaki adlardan -da ,-de ekleri ile eylem yapınız.

ışıl.............. ışıldamak

şakır....................	fısıl.....................	kımıl....................
şıkır....................	fokur....................	kıpır....................
tıkır....................	gıcır....................	şangır....................
fıkır....................	hırıl....................	takır....................
cıvıl...................	hışır....................	tıngır....................
çıtır....................	kıkır....................	uğul....................

6. Lütfen eş anlamlı kelimeleri bulunuz.

1 ☐ hürriyet
  ☐ abide
  ☐ savaş
  ☐ anıt

2 ☐ başşehir
  ☐ başkent
  ☐ mahalle
  ☐ cadde

3 ☐ muharebe
  ☐ mücadele
  ☐ harp
  ☐ savaş

4 ☐ ihbar
  ☐ şahit
  ☐ görgü
  ☐ tanık

5 ☐ mektep
  ☐ fakülte
  ☐ yazıhane
  ☐ okul

6 ☐ görev
  ☐ vazife
  ☐ ödev
  ☐ iş

10 İSTANBUL'DA DOSTLUK GÖRÜŞMESİ

İnsanlar birbirlerini neden öldürürler? Neden savaşırlar durmadan, barış içinde yaşamak varken! Yüzyıllardan beri milletler arasındaki bitmeyen bu kavga, kin ve nefret niçin?

Binlerce bilgin, filozof ve din adamı bu sorunun cevabını aramış. İnsanları barışa, kardeşliğe çağırmış. Bir yararı olmamış.

İnsanlar yine savaşa devam etmiş. İstatistiklere göre insanlık tarihi boyunca yılda ortalama iki üç savaş yapılmış. Yani yeryüzünden savaş hiç eksik olmamış. Halen günümüzde de bu savaşların devam etmesi istatistikleri doğruluyor.

Savaş hiç bitmeyecek mi? İkinci Dünya Savaşındaki korkunç olaylardan insanlar gerekli dersi almadı mı? Üçüncü Dünya Savaşı çıkacak mı? Günün birinde insanların barış ve kardeşlik havası içinde yaşaması mümkün olacak mı?

İşte bu soruların cevabını bulabilmek için 1985 Gençlik Yılı'nda İstanbul'da ''Gençliğin Dünya Barışına Katkısı'' konulu bir seminer düzenlendi. Bu seminere dünyanın her tarafından öğretim üyeleri, üniversite öğrencileri ve idareciler davet edildi.

Seminere gelenler, İstanbul Tarabya Otelinde muhteşem bir deniz manzarası ile karşılaştılar. Hepsine birer ikişer kişilik güzel odalar ayrılmıştı.

Balkona çıkarak bir süre denizi seyrettiler. Otelin önünde küçük kayıklar, yollar birer biblo gibi duruyordu. Az ilerde büyük yük ve yolcu gemileri İstanbul Boğazının durgun sularında süzülerek yol alıyordu. Misafirler hem bu gemileri seyrediyor hem de denizin temiz iyotlu havasını ciğerlerine dolduruyorlardı. Ertesi gün seminer başlayacaktı. Hepsi seminer başlamadan İstanbul'u gezmek ve bir şehir turu yapmak istiyorlardı.

Önce boğazda yat ile bir gezinti yapıldı. Boğazın kıyısında bulunan eski yalı ve köşkler gezildi. Yağlıboya bir tabloyu andıran renk cümbüşü içerisinde misafirler vaktin nasıl geçtiğini anlamadılar. Hemen akşam oluverdi. Handan Hanım otele dönmek için sabırsızlanıyordu. Misafirler ise hiç dönmek istemiyor, gece şehirde dolaşmak istiyorlardı. Handan Hanım izin isteyerek ayrıldı. Erkenden otele döndü. Ev sahibi durumunda olduğu için Türkiye'yi temsilen ilk konuşmayı kendisi yapacaktı. Balkona çıktı. Denize karşı son bir kez yapacağı konuşmayı okudu. Hazırladığı metni kendisi de beğendi. İçi rahat otelin lobisine indi. Misafirler gelmiş, bir kısmı hemen çalışma salonlarına geçerek yapacakları konuşmaları gözden geçirmeye başlamışlardı. Hepsi seminerin havasına girmiş hararetli hararetli aralarında tartışıyorlardı. Handan Hanım erken yatmayı tercih etti. Sabahleyin erkenden kalktı. Yapacağı konuşmayı denize ve balıklara karşı bir kez daha okudu. Sonra tüm dünyayı barışa davet etmek üzere seminer salonuna indi.

GENÇLİĞİN EĞİTİMİ
VE
DÜNYA BARIŞI

Sevgili Gençler,

Hepimiz buraya dünyanın çeşitli yerlerinden "Gençliğin Dünya Barışındaki Rolü" konusunu görüşmek için geldik.Ben bu konuşmamda sizlere gençliğin eğitimi ve dünya barışı üzerindeki etkisinden söz etmek istiyorum.

Bir tarlaya pirinç ekerseniz pirinç, buğday ekerseniz buğday çıkar. Yeni doğup gelişen, büyüyen bir çocuğun beyni de boş bir tarlaya benzer. Bu tarlaya iyi düşünce tohumları ekerseniz iyi, kötü düşünce tohumları ekerseniz kötü düşünce meyveleri alırsınız.

Şimdi sizlerle dünya gençliğinin nasıl eğitildiğine, yani kafalarına nasıl tohum ekildiğine bir göz atalım. Tarih boyunca her ülke, özellikle komşusu olan ülkelerle savaşmıştır. Okullardaki tarih kitaplarında savaş sırasında düşman ülkelerin yaptıkları zulümlerden, vahşetlerden söz edilir. Bu zulümler ve vahşet üzerine roman ve hikâyeler yazılır, filmler çevrilir. Biz kendi geçmişimizi, tarihimizi öğrenirken dostlarımızı ve düşmanlarımızı da öğrenmiş oluruz. Düşman ülkelere karşı zihnimizde hemen düşmanca fikirler oluşur. Böylece geçmişteki savaş ve kavgalar geleceği de etkiler. Yani çocukların ve gençlerin beynine düşmanlık tohumları da ekilmiş olur. Düşmanlık tohumları ekilen bir tarlada barış çiçeği açmaz. Bugün görev başında bulunan bütün devlet başkanları, bakanlar, milletvekilleri, generaller ülkelerin geleceğine yön veren bütün liderler dünün gençleriydi. Yarınki bütün devlet büyükleri de bugünün gençleri arasından çıkacaktır. Öyleyse gençler dünyanın geleceğidir. Gençliğin eğitimine önem vermemek, dünyanın geleceğine önem vermemektir.

116

Ne yapalım? Gençlik başka ülkelere düşman oluyor, diye kendi tarihimizi okumayalım mı? Öyle şey olmaz! Her ülke kendi tarihini bilmek ve bunu gençlerine öğretmek zorundadır. Bu onun en doğal hakkıdır. Ama bu öğretim yapılırken dikkat edilmesi gereken en önemli nokta, savaşların insanlara yaptığı zararların anlatılması ve bundan sonra bu ülkelerle dostça geçinmenin yollarının aranmasıdır. Bir Türk atasözü bu düşünceyi çok güzel açıklar: "Zararın neresinden dönülürse, kârdır."

Dünya barışının sağlanabilmesi için gençliğin eğitiminde dikkat edilmesi gerekli diğer hususlar nelerdir? Bir hastalığın tedavisi için önce o hastalığı yapan etkenlerin teşhisi gereklidir. Bu nedenle savaşı meydana getiren sebepleri bulmak ve bunları ortadan kaldırmak için çalışmak zorundayız. Savaşı yaratan etkenler ortadan kalkınca, barış kendiliğinden sağlanmış olacaktır.

Bize göre savaşı yaratan bu etkenler kısaca şöyledir:

1. Gençliğin kitap, film, radyo, televizyon gibi araçlarla yanlış eğitimi. Gençlere hümanist duygular yerine, kin ve savaş duygularının aşılanması.

2. Irkçılık, her milletin kendi ırkını diğer milletlerden üstün tutması ve onları yönetmeye kalkması.

3. Dinî inançların farklı oluşu. Her millet kendi dininin en iyi din olduğunu kabul etmiş ve din yüzünden pek çok savaş çıkmıştır.

4. Kültürlerin farklı oluşu. Her millet kendi kültürünün en iyi olduğuna inanır.

5. Ekonomik sebepler.

6. Ruhen sağlıklı olmayan bazı liderlerin yönettikleri toplumu felâkete sürüklemeleri.

7. Siyasî rejimlerin farklı oluşu.

8. İnsandaki savaş ve kavga güdüsü. Psikologlar insanda sevgi güdüsü kadar savaş ve kavga güdüsünün de var olduğunu artık ispat etmişlerdir.

9. Dünyayı tek başlarına yönetmek isteyen emperyalist güçlerin varlığı.

Buraya kadar savaşı meydana getiren etkenleri kısaca maddeler halinde sıralamak istedim.

Takdir edersiniz ki, burada belirttiğim her madde, üzerinde saatlerce veya günlerce tartışmayı gerektiren önemli konulardır. Bize tanınan on dakikalık kısa bir süre içinde bu konuları geniş bir şekilde açıklamaya imkân yoktur.

Türk milletinin büyük önderi Atatürk'e göre dünya bir insan vücuduna milletler de bu vücudun organlarına benzer. İnsan vücudundaki organlardan biri rahatsız olduğu zaman nasıl bütün vücut bundan etkilenir ve rahatsız olursa, milletlerin başına gelen felaketler de bütün dünyayı öyle rahatsız eder.

İşte bu nedenledir ki Atatürk bu konuda "Yurtta Sulh, Cihanda Sulh" ilkesini koymuştur. Türk milleti bu ilkeye uyarak Birinci Dünya Savaşında kendi bağımsızlığını kazandıktan sonra bugüne kadar hiçbir savaşa katılmamıştır. Bir saldırıya uğramadığı takdirde bugünden sonra da herhangi bir savaşa katılmak niyetinde değildir. Bütün milletlerin de bu konu üzerinde aynı hassasiyetle durarak dünya barışını korumaları gerekir. Nükleer bir dünya savaşında bütün insanlığın var ya da yok olması, bu konu üzerinde ciddi olarak durulup durulmamasına bağlıdır.

Hepinize saygılarımı sunar, barış içinde bir dünya dilerim.

En kötü barış, en haklı savaştan daha iyidir.
                                                      Cicero

Barış bile, büyük ücretlerle satın alınır.
                                                  Franklin

İYİ İNSANLARA OLAN İHTİYAÇ

Gözlerini aç ve biraz zamana, biraz dostluğa, biraz sempatiye, biraz arkadaşlığa, biraz insanî emeğe ihtiyacı olan birini ara, bul! Yahut insanlık yararına yapabileceğin bir iş araştır ve yap!

Belki o yalnız kalmış biridir, belki o yaşamaktan usanmış, kırılmış biridir veya bir kötürümdür veya hayatında hiçbir başarı gösterememiş olan bir talihsizdir. Sen onlara bir şey olabilirsin. O bir ihtiyar veya bir çocuk olabilir. Belki de iyi bir işin, boş bir gecesini ona verecek veya onun için koşacak gönüllülere ihtiyacı vardır.

Kim, insan denilen o paha biçilmeyen heyecan ve enerji kaynağının yapmaya muktedir olduğu şeyleri sayabilir? Her köşe ve bucakta ona ihtiyaç vardır.

Onun için sen de insanlığın hizmetine verebileceğin bir şeyin olup olmadığını araştır! Eğer beklemek ve denemek zorunda kaldığını görürsen, onu geleceğe bırakıp ihmal etme!

Hayal kırıklığına uğrayacağına daha işe başlamadan emin ol ve buna kendini alıştır. Kendini insanlara bir insan olarak teslim etmedikçe, tatmin edilmiş sayma!

Eğer sen tam bir ruhla buna sarılırsan, göreceksin ki seni bekleyen muhakkak biri vardır.

Albert SCHWEITZER

Dilbilgisi:

Eylemden ad yapan ekler:

-m (-ım, -im, -um, -üm):

say-mak, -say-ım	: Bu yıl Türkiye'de nüfus sayımı yapıldı.
bil-mek, bil-im	: Kalkınmak için bilim alanında ilerlemek gerekir.
doğ-mak, doğ-um	: Aysel Hanım hastanede doğum yaptı.
çöz-mek, çöz-üm	: Bu meseleye mutlaka bir çözüm bulmalıyız.

-ı (-i, -u, -ü):

say-mak, say-ı	: Tahtaya yazılan sayıları okuyabiliyor musun?
diz-mek, diz-i	: Televizyondaki dizilerin hiçbirini kaçırmadım.
sor-mak, sor-u	: Bu soruyu ben pek anlamadım.
ört-mek, ört-ü	: Masa örtüsünü mutfağa getiriver.

-gı (-gi, -gu, -gü):

çal-mak, çal-gı	: İyi bir müzisyendi, bütün çalgı aletlerini çalardı.
bil-mek, bil-gi	: Bilgin adamdı: her alanda bilgi sahibiydi.
duy-mak, duy-gu	: Sizlerde hiç insanlık duygusu yok mu?
gör-mek, gör-gü	: Necla Hanım pek çok görgü kitabı okumuştur.

Sert ünsüzle biten eylem köklerinden sonra -gı (-gi, -gu, -gü) eki -kı (-ki -ku, -kü) olur:

bas-mak, bas-kı	: Birinci cildin bütün baskıları bitti.
bit-mek, bit-ki	: Bitkiler susuz yaşayamazlar.
tut-mak, tut-ku	: Fotoğrafa karşı özel bir tutkum vardır.

-gın (gin, -gun, -gün):

kız-mak, kız-gın	: Rektör Bey cuma günü çok kızgındı.
bil-mek, bil-gin	: Bilginler henüz doğanın sırlarını çözemedi.
yor-mak, yor-gun	: Bugün çok yorgun bir halin var.
üz-mek, üz-gün	: Nilgün'ü bu sabah çok üzgün gördüm.

Sert ünsüzle biten eylem köklerinden sonra -gın (-gin, -gun, -gün) eki -kın (-kin, -kun, -kün) olur:

bık-mak, bık-kın	: Artık ders çalışmaktan bıkkın hale geldik.
seç-mek, seç-kin	: Bu otele sadece seçkin insanlar gelir.
tut-mak, tut-kun	: Okuldayken güzel bir kıza tutkundum.
düş-mek, düş-kün	: Düşkün insanlara, sakatlara yardım etmeliyiz.

Alıştırmalar:

1. Lütfen cevap veriniz.

1. Dünya gençliği nasıl eğitilmektedir?   ....
2. Savaşın sebepleri nelerdir?   ....
3. Gençliğin dünya barışındaki rolü nedir?   ....
4. Sizce savaş önlenebilir mi?   ....

2. Lütfen -m eki ile eylemlerden ad yapınız.

anlamak — anlam

kavramak	....	çizmek	....
tanımak	....	bölmek	....
basmak	....	doğmak	....
özlemek	....	yatırmak	....
yaşamak	....	eğitmek	....
gözlemek	....	oturmak	....

3. Lütfen -ı eki ile eylemlerden ad yapınız.

anmak - anı

		gezmek	....
başarmak	....	yapmak	....
bildirmek	....	yazmak	....
ölmek	....	ölçmek	....
açmak	....	çarpmak	....
çevirmek	....	beğenmek	....

4. Lütfen -gı eki ile eylemlerden ad yapınız.

sarmak — sargı

saymak	....	katmak	....
vurmak	....	dolmak	....
tepmek	....	sezmek	....
sevmek	....	örmek	....
içmek	....	sermek	....
çizmek	....	dizmek	....

5. Lütfen -gın eki ile eylemlerden ad yapınız.

yanmak   yangın   şaşmak ....

durmak ....   bıkmak ....

uymak ....   gezmek ....

seçmek ....   düşmek ....

basmak ....   küsmek ....

tutmak ....   susmak ....

6. Aşağıdaki kelimelerden hangileri eylemlerden yapılmıştır?

1   ☐ toplam   4   ☐ insan
    ☐ tohum   ☐ düzgün
    ☐ tarla   ☐ bugün
    ☐ basım   ☐ süzgün

2   ☐ iyi   5   ☐ bozgun
    ☐ batı   ☐ dergi
    ☐ yapı   ☐ karın
    ☐ şimdi   ☐ burun

3   ☐ keski   6   ☐ övgü
    ☐ ilgi   ☐ halı
    ☐ inci   ☐ yergi
    ☐ askı   ☐ çarşı

KARDA AYAK İZLERİ VAR

Karda ayak izleri var,
Vurulup düştükleri yere kadar.
Yüzleri tanınmayacak bir halde,
Olduğu yerde kalmış cesetleri.

Onlar için hâtıra yok,
Saat durmuş.
Onlar için değil,
Yıldızlar ve bu gece.
Onlar için değil gelen güneş.
Artık onların yok,
Uzak şehirlerde,
Sevdikleri.
Artık hepsi bitti,
Açlık susuzluk ve kin.
Ne matra ne ekmek torbası lazım,
Ne silah.
Elbise ve düşen şapka da lüzumsuz,
Artık üşümezler ki...

En güzel ocak ateşleri,
Artık ısıtamaz ellerini.
İsimlerini en yakın tanıdık,
Söylese işitmezler.
Kurt mu dost, düşman mı?
Bilmeyecekler başucuna geleni.
Ve artık ne tren ne gemi,
Onları getirmez bir daha.

Necati Cumalı

NEVŞEHİR'DE

Esen Hanım	:	İnsan burada kendini başka bir gezegende sanıyor.
Hayriye Hanım	:	Vadi çok sessiz ve ıssız.
Mehmet Bey	:	Halk burada perilerin ve cinlerin yaşadığına inanmış. Yüzyıllar boyu buralara gelmeye korkmuş.
Şafak Hanım	:	Neden burada perilerin ve cinlerin yaşadığına inanmışlar?
Mehmet Bey	:	Çok esrarengiz bir yer. Dünyada başka hiçbir yerde bulunmayan, halkın peribacaları dediği garip kayalar, renkli vadiler, başka bir gezegeni andıran yüzey şekilleri halkı korkutmuş. Ayrıca mağaraların içerisinde bulunan renkli resimleri halk, şeytan ve cinlerle ilgili sanmış.
Esen Hanım	:	Peki bu mağaralardaki resimleri kimler yapmış?
Mehmet Bey	:	Eskiden burada yaşayan Hıristiyanlar yapmış. Hz. İsa'ya, Meryem Ana'ya ve azizlere ait pek çok resim var. Hıristiyan halk bu mağaraları kilise olarak kullanmış, ibadetlerini burada yapmışlar.
Şafak Hanım	:	İbadetlerini neden mağaralarda yapmışlar?

Mehmet Bey	:	Biliyorsunuz, eskiden Hıristiyanlığın yasak olduğu dönemler vardı. Halk bu yasak dönemde mağaralarda gizli ibadet etmek zorunda kalmış.
Hayriye Hanım	:	Öyleyse burası çok eski bir yerleşme merkezi.
Mehmet Bey	:	Evet öyle.. Milattan önceki yıllarda burada pek çok insan yaşamış.
Esen Hanım	:	Biz burada nereleri gezeceğiz?
Mehmet Bey	:	Ürgüp, Göreme, Uçhisar, Ortahisar, Avcılar, Avanos, Zelve, Çavuşin gibi yerleri gezeceğiz.
Esen Hanım	:	Bu yerleri gezmek için iki gün kesinlikle yetmez.
Mehmet Bey	:	İki ay bile yetmez. Biz sadece bu çevreyi genel özellikleriyle tanımış olacağız. Gezmek isterseniz en az elliye yakın kilise var. Avanos'un çömleği çok meşhurdur. Ayrıca her evde mutlaka bir halı tezgâhı bulunur. Genç kızlar, kadınlar burada halı işlerler. Avcılar'da mermer işleri çok meşhurdur. Mermerden yapılan çok güzel süs eşyaları vardır. Zelve çok esrarengiz ve ürkütücü bir görünüme sahiptir.
Şafak Hanım	:	Anladık biz buraya bir daha geleceğiz. Ben buradaki yeraltı şehirlerini de merak ediyorum.
Hayriye Hanım	:	Ben de yeraltı şehirlerini görmek istiyorum.
Mehmet Bey	:	Derinkuyu ve Kaymaklı'da iki yeraltı şehri var. Köylüler bir yenisini daha bulduklarını söylüyorlar. İsterseniz önce yeraltı şehirlerine inelim. Ama en az yarım günümüzü alır.
Şafak Hanım	:	Neden o kadar zaman alıyor?
Mehmet Bey	:	Yerin tam sekiz kat altına ineceksiniz. Kocaman bir şehir gezeceksiniz. Tünellerden sürünerek geçecek, oturma salonlarında dinleneceksiniz.
Esen Hanım	:	O zaman yeraltı şehirlerinden sadece birini gezelim. Daha sonra öbürünü de görürüz.
Mehmet Bey	:	Bence de böylesi uygun olur. Çünkü Göreme'deki kiliselerden bazılarını gezmeliyiz.
Hayriye Hanım	:	Göreme'de kaç kilise var?
Mehmet Bey	:	Yanılmıyorsam, sadece Göreme'de on sekiz kilise olacak. Biz bunlardan Elmalı Kilise, Barabara Kilise, Yılanlı Kilise, Karanlık Kilise, Meryem Ana Kilisesi gibi önemli kiliseleri gezersek yetişir. Kiliseler hakkında bir fikir edinmiş oluruz.
Şafak Hanım	:	Daha sonraki gelişimizde de öbür kiliseleri gezeriz.
Mehmet Bey	:	Bence de böylesi daha uygun olur. İsterseniz şimdi Avcılar'a gidelim. Orada peribacalarının içine oyulmuş güzel bir lokanta var. Önce karnımızı bir doyuralım. Sonra gezmeye devam ederiz.
Esen Hanım	:	Ben bu güzellikler arasında yemeği çoktan unutmuşum. Siz söyleyince acıktığımı fark ettim.
Hayriye Hanım	:	Gezeceğimiz yer çok, bol enerji sarf etmemiz gerekecek. Önce yemeğimizi yiyelim, sonra gezmeye devam edelim.

NEVŞEHİR'İN SEKİZ KAT ALTINDAN

Anadolu, gizemini kolay ele vermiyor. Nevşehir'de Kaymaklı ve Derinkuyu kasabalarının altında yeraltı kentleri olduğu, ancak 1960'lı yıllarda ortaya çıkarıldı. Binlerce yıllık geçmişe sahip olan bu kentler, öyle tabiatın kendiliğinden oluşturduğu mağaralar falan değil. Basbayağı, insanlar ya da bilinmeyen akıllı yaratıklar tarafından yapılmışlardı. Yapım için gerekli olan mühendislik bilgisini ve tekniğini bugün bile bulmak zor.

Bir tavuğun marifeti!
1960'lı yıllarda Derinkuyu'da yaşanan küçük bir olay, büyük sonuçlar doğurdu. Sahibinin elinden kaçan bir tavuk, yerde bulunan bir deliğe girerek kayboldu. Bu fantezi olay, yetkili makamlara duyuruldu. Bölge, arkeoloji açısından çok çekiciydi. Arkeologlar geldiler ve kazmaya başladılar. Önceleri doğal yeraltı mağaraları bulduklarını sandılar. Fakat kazdıkça gördüler ki, yerin dibine doğru yapılmış modern bir apartmanın içindeler.

Derinkuyu'da 6 kat
Nevşehir'in 27 km. güneyindeki Derinkuyu'da 20 yıldan fazla süren kazılar sonunda, toplam 6 kat ortaya çıkarıldı. Odalar tünellerle birbirine bağlanmıştı. Derinlerde henüz ulaşılmamış birçok katın da bulunduğu anlaşıldı.

Kaymaklı'da 8 kat
Bölgede, kazılar sürdü. Nevşehir'in 18 km. güneyindeki Kaymaklı kasabasının altında da bir başka yeraltı kenti bulundu. Burada katların sayısı 8'di. Her birinde 15 oda vardı. Odalar, içinde bir ailenin barınabileceği kadar büyüktü.

Mucize!
Hem Derinkuyu'da hem de Kaymaklı'da ortaya çıkarılan yeraltı kentleri incelendiğinde, ortada bir mühendislik mucizesi olduğu anlaşıldı. Mükemmel bir havalandırma sistemi ile ısı daima sabit kalıyordu. Kayaların yapısı yumuşaktı. Fakat makine kullanmadan bunları oymak imkânsızdı. Basamaklar ve dehlizler yoluyla bütün odaların birbirleriyle bağlantısı vardı. Mutfaklar, dinlenme yerleri, toplantı salonları, depolar, tüneller yoluyla birbirlerine bağlanmışlardı. Tünellerin genişliği 60-100 cm. arasında değişmekteydi.

Yüzlerce metre devam eden tüneller boyunca kazı yapanların dinlenecekleri ve malzemelerini koyacakları odalar yoktu. Yoksa bu tüneller kazma ve küÈrekle kazılmamış mıydı?

Bugün en gelişmiş teknolojilerde bile, kömür madeni çıkarmak için böyle başarılı bir oyma tekniği uygulanamıyor.

Geçit vermeyen taşlar
Hem Derinkuyu hem de Kaymaklı yeraltı kentlerinde yaşamış olanların büyük korku içinde bulundukları kesin. Çünkü bu iki yere de dışarıdan girmek çok zor.

Zaten uzun zaman keşfedilmemiş olmalarının altında da bu yatıyor. Girişlerinde değirmen taşı büyüklüğünde dev taşlar var. Bu taşlar, dışarıdan değil de sadece içeriden hareket ettiriliyor. Dışarıdan en güçlü vinçlerle yerinden oynatılamayan taşların içeriden hafifçe dokunularak açılabilmelerinin nedeni ise hâlâ bilinemiyor.

Romalılardan kaçan Hıristiyanlar mı?
Yapılan araştırmalar sonunda, bu yeraltı kentlerinde, Romalılardan kaçan Hıristiyanların saklandığı tespit edildi.

Hıristiyanlar buralarda yaşamış olabilirler ama kentleri yapmış olamazlar. Çünkü o dönemin bilinen mühendislik tekniği bu kentleri inşa edecek düzeyde değildi.

126

Hıristiyanlar yapmadılar Peki ama kimler yaptı? Geçmişe gittikçe olayın gizemi artıyor.

Erich von Daniken geliyor

Tanrıların Arabaları adlı kitabıyla artık bütün dünyada tanınan İsviçreli araştırmacı Erich von Daniken 1982 yılında Türkiye'ye geldi. Kaymaklı ve Derinkuyu'da incelemeler yaptı. Onun konuyla ilgili açıklaması şöyle:

"Dünyanın birçok bölgesinde yeraltı kentleri vardır. Bunların yapılış tarihleri Hıristiyanlığın ortaya çıkışından çok öncedir.

Romalılardan kaçan Hıristiyanlar hem Kaymaklı'da hem de Derinkuyu'da saklanmış olabilirler. Ama bu yeraltı kentlerini onlar yapmış olamazlar. Bunu yapmak için ne imkânları vardı, ne de zamanları.

Bu yerleri yapanların korkuları çok başkaydı. Korkularının sebebi savaştıkları insanlar olamaz. Tarih boyunca insan toplulukları birbirleriyle savaştılar. Zayıf olan taraf ya yenildi ya da kaçtı. Fakat, düşmandan korunmak için yıllarca uğraşıp, yerin altını kazıp oraya yerleşmeyi düşünmek bile saçmadır.

Atom sığınakları mı?

Daniken'a göre bu yeraltı kentleri havadan gelen saldırılardan korunmak için inşa edildiler. İnsanlara havadan saldıranlar kimlerdi?

Daniken "Bunlar, bir zamanlar dünyayı idare etmiş uzaylılardı" diyor. İddia gerçekten çok ilginçtir. Çünkü Kaymaklı ve Derinkuyu yeraltı kentlerinin bugünkü halini inceleyen mühendisler, buraların mükemmel sığınaklar olabileceğini ileri sürdüler. Hem de toplam 50.000 kişinin barınabileceği bir sığınak.

Köylüler ne diyor?

Kaymaklı ve Derinkuyu köylüleri arasında yaygın bir inanç var. Onlar ne Daniken'ı tanıyorlar, ne de onun tarihi ve bilimi altüst eden ünlü tezlerini...

Köylüler, dedelerinden duydukları, dedelerinin de dedelerinden duymuş oldukları öyküleri anlatıyorlar. Buna göre çok eski zamanlarda bu topraklarda melekler yaşıyormuş. Bu melekler buraya göklerden uçarak gelmişler. Ülkeyi çok beğenmişler ve yerleşmeye karar vermişler.

Fakat bir süre sonra göklerden başka ziyaretçiler de gelmiş. Bunlar kötü cinlermiş ve amaçları iyi melekleri yok etmekmiş. Uzun zaman çarpışmışlar ama melekler kötü ve kuvvetli cinlerle baş edememişler. Onların etkilerinden korunmak için, sihirli yeraltı kentlerini yapmışlar ve dünyanın içine saklanmışlar.

Melekler hâlâ saklanıyorlarmış. Köylüler onların bazı geceler nurdan ışıklar halinde göğe yükseldiklerini görüyorlarmış...

Anadolu'da yeraltı ülkesi

Kaymaklı ve Derinkuyu yeraltı kentleri tek örnek değildir. Hindistan'da, Meksika'da, Kolombiya'da ve daha birçok yerde böyle yeraltı kentleri vardır.

Arkeologlar, Nevşehir bölgesinde henüz ortaya çıkarılmamış birçok başka yeraltı kenti olduğunu tespit ettiler. Bu iddiaya göre bu bölgede bulunan yeraltı kentlerinin sayısı 40'a yakındır. Eğer bu doğruysa, Anadolu'nun altında bir yeraltı ülkesi var demektir!

Bugün ne yapılıyor?

Gerek Kaymaklı'da gerek Derinkuyu'da ortaya çıkarılanlar açıklanmış değil. Buraları daha çok turistik bölgeler olarak kabul ediliyor.Çok sayıda ziyaretçi tarafından ilgiyle geziliyor.

Rehberler değişik açıklamalar yapıyorlar. Enteresan öyküler anlatıyorlar. Fakat hepsi yetersiz. Yeraltı kentlerinin sakladığı gizem çözülemiyor. Yerin üstündeki sorunlardan, bir türlü yerin altına sıra gelmiyor...

Dilbilgisi:

Meslek adları yapan ek: -cı (ci, -cu, -cü)

boya, boyacı   : Boyacı bütün duvarları boyadı.
iğne, iğneci   : Hastaya iğne vurması için bir iğneci çağırıldı.
odun, oduncu   : Oduncu kestiği bütün odunları bir günde sattı.
göz, gözcü   : Bir gözcü tepeye çıkmış gelen askerleri gözlüyordu.

Sert ünsüzle biten kelimelerden sonra: -çı (çi, -çu, -çü)

aş, aşçı   : Aşçı bütün yemekleri çok güzel pişirmişti.
diş, dişçi   : Dişçi, Erksin Hanımın iki dişini çekti.
yoğurt, yoğurtçu   : Yoğurtçu yaptığı yoğurtları bakkala sattı.
süt, sütçü   : Sütçü her sabah bize bir kilo süt getirir.

Türkçede bazı meslek adları -cı ekini almaz.

Şoför, terzi, bakkal, kaptan, pilot, manav gibi kelimeler -cı ekini almadan bir meslek bildirirler.

-cı (-ci, -cu,. -cü) eki bir işin devamlı yapıldığını bildiren ad ve sıfatlar yapar:

yalan, yalancı   : Ali Bey yalancıdır, devamlı yalan söylüyor.
geri, gerici   : Gericiler çağdaş gelişmeye ayak uyduramaz.
uyku, uykucu   : Neşe uykucudur, sabah akşam devamlı uyuyor.
barış, barışçı   : Ben barışçı bir insanım, barışı severim.
inat, inatçı   : İnatçı insanlar hayatta başarılı olamazlar.
yardım, yardımcı   : Bavulu kaldırmam için bana yardımcı olur musun?
kin, kinci   : Kinci insanları hiç sevmem.

- lık (-lik, -luk, -lük): -cı meslek eki üzerine gelerek meslek kavramı veren kelimeler yapar:

boyacı, boyacılık   : Boyacılık zor bir meslektir.
dişçi, dişçilik   : Dişçilik iyi para getiren bir meslektir.
oduncu, odunculuk   : Ankara'da iş bulamadı, şimdi köyde odunculuk yapıyor.
gözlükçü, gözlükçülük: İstanbul'da gözlükçülük yapıyorum.

-lık eki meslek bildiren kelimelerden sonra gelir:

doktor, doktorluk : Doktorluk çok uzun bir tahsil ister.
terzi, terzilik : Terzilik artık para getirmiyor.
avukat, avukatlık : Avukatlık yapmak istiyorsan, hukuk tahsil edeceksin.

- lık eki somut adlara gelerek yer adları bildiren kelimeler yapar:

taş, taşlık : Burası çok taşlık bir arazi.
kitap, kitaplık : Kitapları güzelce kitaplığa yerleştirdim.
kömür, kömürlük : Kömürleri alt kattaki kömürlüğe koyuverin.
zeytin, zeytinlik : Köyde on dönüm kadar zeytinliğimiz var.

-lık eki adlardan sonra gelerek soyut adlar yapar:

insan, insanlık : Dünya kötüye gidiyor, kimsede insanlık kalmadı.
Müslüman, Müslümanlık: Türkler onuncu yüzyılda Müslümanlığı kabul ettiler.
çocuk, çocukluk : Bilerek olmadı, bir çocukluk yaptım, affedin.
güven, güvenlik : Güvenlik kuvvetleri kaçakçıları yakaladı.

-lık eki sıfatlara gelerek soyut adlar yapar:

büyük, büyüklük : Affetmek, büyüklüğün şanındandır.
güzel, güzellik : Bu güzellik sana da kalmaz.
ucuz, ucuzluk : Şubatta mağazalarda ucuzluk başlayacak.
uzak, uzaklık : İstanbul, Ankara'ya yedi yüz kilometre uzaklıktadır.

-lık eki adlardan sonra gelerek alet adları yapar:

kulak, kulaklık : Kulağı sağır olunca, bir kulaklık aldı.
meyve, meyvelik : Elmaları meyveliğe yerleştirdim.
tuz, tuzluk : Sofraya tuzluğu getirir misin?
göz, gözlük : Gözlüğüm çok eskidi, artık bir yenisini almam lazım.

- lık eki adlardan sonra gelerek elbise adları yapar:

sabah, sabahlık : Kendime güzel bir sabahlık diktirdim.
gece, gecelik : Geceliğimi giymiştim, birden kapı çalındı.
yağmur,
yağmurluk : Yağışlı havalarda yağmurluğumu yanıma alırım.
gelin, gelinlik : Nikâh töreninde Neşe'nin gelinliği çok güzeldi.

Alıştırmalar:

1. Lütfen cevap veriniz.

1. Nevşehir niçin esrarengiz bir yerdir? ....:
2. Mağaralardaki renkli resimleri kimler yapmıştır? ....
3. Hıristiyanlar neden buralarda gizlenmişlerdir? ....
4. Nevşehir'de nereleri gezmek gerekir? ....
5. Avcılar ve Avanos'un neleri meşhurdur? ....
6. Göreme'de kaç kilise vardır? ....
7. Yeraltı kentleri nerelerde vardır? ....
8. Bu yeraltı kentleri kimler tarafından yapılmıştır? ....

2. Lütfen -k (-ık, -ik, -uk, -ük) eki ile eylemlerden ad yapın.

açmak — açık		

donmak	....	yenmek	....
bozmak	....	yitmek	....
dökmek	....	çözmek	....
ezmek	....	örtmek	....
kesmek	....	çarpmak	....
solmak	....	alışmak	....

3. Lütfen -ak (-ek) eki ile eylemlerden ad yapın.

batmak — batak		

atmak	....	korkmak	....
dönmek	....	kurmak	....
durmak	....	kapmak	....
kaçmak	....	sapmak	....
kaymak	....	sürmek	....
konmak	....	titremek	....

4. Lütfen -n eki ve -ıcı ekleri ile eylemlerden ad yapınız.

satmak	satın	akmak	akıcı
yığmak	....	sürmek	....
akmak	....	tüketmek	....
saymak	....	yapmak	....
sökmek	....	dinlemek	....
yaymak	....	öğrenmek	....

DOKTORLAR SERT YATAĞIN YARARLI OLDUĞUNU SÖYLÜYORLAR...

5. Aşağıdaki kelimelerden hangileri eylemlerden yapılmıştır?

1. ☐ yüzücü
   ☐ koşucu
   ☐ dişçi
   ☐ çiftçi

2. ☐ gözcü
   ☐ seçici
   ☐ geçici
   ☐ sözcü

3. ☐ ekin
   ☐ fırın
   ☐ gelin
   ☐ kışın

4. ☐ özet
   ☐ anıt
   ☐ kanıt
   ☐ sakat

5. ☐ sıcak
   ☐ parlak
   ☐ batak
   ☐ adak

6. ☐ dizgici
   ☐ terzi
   ☐ sütçü
   ☐ uygun

133

YÜKSEK ÖKÇELER

Hatice Hanım pek genç dul kalmış, zengin bir hanımcağızdı. On üç yaşındayken altmış altı yaşında bir kocaya vardığı için izdivaç denen şeyden nefret etmişti. İşte hemen hemen on sene vardı ki erkeğin hayali zihnine romatizma, balgam, pamuk, vantuz, tentürdiyot yığınlarından yapılmış pis, abus, lanet bir heyulâ şeklinde gelirdi.

— Gençler başkadır! diyenlere:

— Aman, aman...Onlar da bir gün olup ihtiyarlamazlar mı? Sonra dertlerini kim çeker? diye haykırırdı. Başlıca merakı temizlikle namusluluktu. Göztepe'deki köşkünü hizmetçisi Eleni ve evlatlığı Gülter'le her sabah beraber temizler, aşçısı Mehmet'i her gün traş ettirir, zavallı Bolulu oğlanı tepeden tırnağa kadar beyazlar giymeye mecbur ederdi. Eleni de, Gülter de son derece namusluydular. Kileri kitlemezdi, paraları meydanda dururdu. Hele Mehmet'in namusuna diyecek yoktu. Konuşurken gözlerini kaldırıp insanın yüzüne bile bakmazdı. Hatice Hanım köşkten hiçbir yere çıkmadığı için işi gücü adamlarını teftişti. Habire odaları dolaşır, tavan arasına çıkar, mutfağa inerdi. Derdi ki:

— Benim gibi olun! Ben kimseyle görüşüyor muyum? Sakın siz de komşuların hizmetçileriyle, uşaklarıyla konuşmayın. El, insanı azdırır!

Mehmet bile bu nasihatı noktası noktasına tutmuştu. Arka bahçedeki mutfağında ona misafir,hemşeri filan. hatta yabancı bir kedi bile gelmiyordu. Hatice Hanım belki günde on defa iner, onu yapayalnız tenceresinin başında bulurdu. Hatice Hanımın temizlik, namus merakından başka bir de yüksek ökçe merakı vardı. Güzeldi, tombuldu, cıvıl cıvıl bir şeydi. Fakat boyu çok kısa olduğu için evin içinde de bir karışa yakın ökçeli iskarpinler giyerdi. Adeta bir cambaza dönmüştü.

Bu yüksek ökçelerle merdivenleri takır takır bir hamlede iner, ayağı burkulmadan bir aşağı bir yukarı koşar dururdu. Nihayet bir başdönmesine uğradı. Çağırdığı doktor ilaç filan vermedi.

— Bütün rahatsızlığınıza sebep bu ökçelerdir, hanımefendi, dedi, onları çıkarın. Rahat,yünden,yumuşak bir terlik giyin. Hiçbir şeyiniz kalmaz.

Hatice Hanım, doktorun tavsiye ettiği bu yünden terlikleri aldırdı. Hakikaten rahattı. İki gün içinde başının dönmesi falan geçti. Dizlerinde, baldırlarında sızı kalmadı. Fakat tam vücudu rahat ettiği sırada ruhu derin bir azap duydu. Dokuz senelik adamlarının iki gün içinde birdenbire ahlakları bozulmuştu. Eleni'yi kendi diş fırçasıyla ağzını yıkarken, Gülter'i kilerde reçel kavanozunu boşaltırken görmüştü. Mehmet'i, et günü olmadığı halde bol bir sahan külbastısı yerken yakaladı.

— Ne oldu bunlara Yarabbim? Bunlara ne oldu, bunlara? diyordu.

Bir hafta içinde adamlarının on beşten fazla hırsızlığını, yolsuzluğunu tuttu. Hele Mehmet'i komşu paşanın neferleriyle koca bir lenger pirinç pilâvını atıştırırken görünce hiddetinden ne yapacağını şaşırdı. O gün her tarafı kilit, kürek altına aldı.

— Bakalım şimdi ne çalacaklar? dedi. Hakikaten çalınacak bir şey kalmamıştı. Ertesi gün biraz geç kalktı. Aşağıya indi, Gülter'le Eleni meydanda yoktu. Yürüdü, mutfağa doğru gitti. Gözleri aralık kapıya ilişince azıcık daha nefesi duracaktı. Mehmet, ocağın başında kısa iskemleye çökmüş,bir dizine Eleni'yi, bir dizine Gülter'i oturtmuş, kalın kollarını ikisinin bellerinde halattan bir kemer gibi sarmıştı.Hatice Hanım, bu levhanın rezaletini görmemek için hemen gözlerini kapadı. Fakat kulaklarının kapağı olmadığı için konuştuklarını duymamazlık edemedi.

Mehmet diyordu ki:

— Ülen Gülter, artık sen şeker filân getirmiyorsun!

Gülter:

— Her taraf kilitli ne yapayım? diyordu. Mehmet, tuhaf bir şapırtı içinde Eleni'ye de:

— Ülen gece niçin gelmiyorsun? Sana helva yapıp saklıyorum, sualini soruyor.

Eleni:

— Yakalanacağız, vire! Sonra hanım bizi kovacak! diye çırpınıyordu.

Aralarında çıtır çıpır bir hasbihal başladı.

Hatice Hanım gözünü açmıyor, yüreği çarparak merakla dinliyordu. Gülter:

— Ah o terlikler! dedi, her işimizi bozdu. Hanımın geldiği hiç duyulmuyor. Ne yapsak yakalanıyoruz. Eskiden ne iyiydi. Yüksek ökçelerin takırtısından evin en üst katından kımıldadığını duyardık...

Hasbihal uzadıkça kendi göremediği başka rezaletlerin mufassal hikâyelerini işitiyordu. Dayanamadı. Gözlerini açtı:

— Sizi alçak, hırsız, namussuzlar! Defolun şimdi evimden! diye haykırdı.

....

Bu dokuz senelik sadık hizmetçilerini hemen kapı dışarı etti.

Aşçı, işçi artık eve ne kadar adam aldıysa hepsi arsız, hırsız, yüzsüz, namussuz çıkıyordu. Tam iki sene bir adamakıllısına rasgelmedi. Malı, mülkü varken, hiçbir sıkıntısı yokken bu hizmetçi üzüntüsünden zayıflıyor, sararıp soluyordu. Baktı olmayacak! Yine yüksek ökçeli iskarpinlerini giydi. Hizmetçilerinin arsızlıklarını, uğursuzluklarını, namussuzluklarını göremez oldu.

Benzine kan geldi. Vâkıa yine başı dönmeye başladı. Fakat sesi işitilmeyen ökçesiz terlik giydireceğini düşünerek doktora kendisini göstermiyor:

— Hiç olmazsa, şimdi yüreğim rahat ya... diyordu.

12 UÇANDAİRELER

Niğde-Aksaray'da olaylar 16 Aralık 1981'de başladı. Günlerden pazartesi ve saat akşamın 7'siydi. Hava yeni kararıyordu. İnşa halinde olan Aksaray Motor Fabrikası çevresinde bulunanlar, birden çok parlak ve yeşil bir ışığın varlığını fark ettiler. Derhal merakla gökyüzüne baktılar. 1000 m. kadar yükseklikte, ışıklı bir cisim duruyordu. Bu cisim, hareket etmiyordu ve üzerinde de herhangi bir hareket yoktu. Bu yüzden uçak ya da helikopter olamazdı. Bir anda görgü tanıkları arasında panik havası esmeye başladı. Kendini toparlayan birkaç kişi, güvenlik kuvvetlerine haber vermek üzere olay yerinden ayrıldı...

Jandarma Komutanı geliyor...

Jandarma Komutanı Yüzbaşı Orhan Çelen geldiğinde, cisim hâlâ duruyordu. Yüzbaşı Çelen, durumu telsiz ile karakola haber vermek istedi. Fakat telsiz çalışmadı...

Cisim Konya'ya doğru gidiyor...

Bir süre sonra esrarengiz cisim, bir yıldızın kayması gibi aniden hareket etti. Konya yönüne doğru uzaklaştı. Niğde-Aksaraylılar adeta dona kalmışlardı...

Yüzbaşı Çelen anlatıyor...

Jandarma Komutanı Yüzbaşı Orhan Çelen, iki gün sonra bir olay daha yaşadı: "18 Aralık gecesi, yine fabrika yakınında cismi gördük. Yanımda petrolcü Ali Özel vardı. Cisim, yol boyunca ağır ağır ilerliyordu. Uygun bir rampada durduk ve dakikaları sayarak cisme arabanın farlarıyla sinyal verdik. Önce bir top gibi gözüküyordu. Verdiğimiz sinyaller üzerine hızla büyüyerek bize doğru gelmeye başladı. Çok büyümüştü, çapı yüz metreye yakındı. Korktuk ve farları söndürerek uzaklaştık..."

Bahçeye inen helikopter (!)

Niğde-Aksaray uçandaire olaylarının başlıca kahramanlarından biri olan Yüzbaşı Çelen, anlatmaya devam ediyor: "Bu olaydan sonra, gözüme uyku girmedi. Acaba hayal mi görüyordum, diye şüphe içindeydim... Ertesi gün cismi gördüğümüz yolun kenarındaki tarlanın sahibi karakola giderek, gündüz sürdüğü tarlasının gece ezilmiş olduğunu söyledi. Bunu yapanların yakalanmasını istiyordu... Aynı gece, merkez karakoluna bir kadın telefon etmiş. Evinin bahçesine bir helikopterin indiğini ve çocukları ile birlikte korkudan tir tir titrediklerini söylemiş. Görevli memur kadının dediklerine önem vermemiş ve olay yerine gitmemiş, hatta kimliğini bile öğrenmemiş. Sonradan araştırdık, o gün Aksaray'a hiçbir helikopter gelmemiş ve inmemişti...

Gününü veremem ama daha sonra, Vali, Kaymakam, Alay Komutanı ve Çiftlik Müdürü ile beraber yine gördük. Koçaş'taydık, bu defa cisimler birkaç taneydiler. İki saat kadar dürbünlerle izledik..."

Tarlada buluşma...

Yüzbaşı Çelen basında şimdiye kadar hiç yer almayan müthiş bir açıklama yapıyor: "Çiftlikteki gözlemden sonra, ben ayrılarak Aksaray'a doğru yola çıktım. Topakkaya Kasabası'na girerken, batıda, iki yüz metre kadar ileredeki bir tarlanın içinde bir ışık gördüm. Işık, trafik arabalarının üzerindeki ışıklara benziyordu. Ama onlardan on-on beş defa daha büyüktü ve renkli ışıklar saçıyordu.Gördüğümüz cisimlerden biri açıkça yere inmişti. Bundan hiç şüphem yoktu. Cipi durdurdum ve inerek ışığa doğru ilerlemeye başladım. Aramızda 100 metre kadar mesafe kaldı. İçimi bir ürperti kapladı. Devam etmek istedim ama gidemedim. Bir şey, nasıl demeli, bilinmedik bir güç beni geriye itiyordu. Geri döndüm, bu arada ışık azaldı ve kayboldu..."

Yetkililer suskun...

Uçandaireler yeni yıla Niğde-Aksaray'da girdiler. 1981 yılı sonlarında ve 1982 yılı başlarında hep oradaydılar.

4 Ocak'ta Niğde Valisi Berdi Nazlıoğlu, İl Jandarma Komutanı Albay Bekir Sıtkı Tuncer ve Aksaray Kaymakamı Güner Orbay, cismi dürbünle gözlediler. Elips biçiminde olduğunu, kırmızı, mavi ve yeşil ışıklar saçtığını belirlediler.

5 Ocak'taysa, Aksaray Garnizon Komutanı Kd.Yzb. Ahmet Durusu, Yzb. Orhan Çelen, İlçe Emniyet Amiri Ahmet Saim Ertuğrul ve Milli Eğitim Müdürü Nurettin Adsan, bazı basın mensuplarıyla beraber dürbünle gözlemde bulunarak 5 cisim saydılar.

Olayların başlıca görgü tanıklarından biri olan Aksaray Kaymakamı Güner Orbay, bir zaman sonra kendisine sorulduğunda, "Hiçbir şey görmedim." diyordu. Gözlemler sırasında yanında bulunan şoförü Hasan Dönmez (48) onu kesin olarak yalanladı: "4 Ocak 1982 akşamı Vali Bey, Kaymakam Bey ve Jandarma Alay Komutanı'yla beraber, uçan nesneyi gördük, dürbünle seyrettik..."

Mülkî ve askeri yetkililer, önceleri olayların içinde yer aldılar. Sonraları gittikçe artan bir suskunluğa büründüler. Ankara'dan bilim adamlarının gelmelerinden sonraysa, olayları olmamış kabul ettiler... Aksaray Kaymakamı İstanbul'un bir ilçesine, Yzb. Çelen ise, Ankara'ya atandı.

BABASINI YAŞLANDI DİYE DAĞ BAŞINDA YALNIZ BIRAKTI

Bir adamın, ihtiyar ve hastalıklı bir babası vardı. Oğlu, gelini ve torunları ile beraber oturuyordu, çünkü karısını yıllar önce kaybetmişti ve oğlundan başka ona bakacak kimsesi yoktu.

Oğlunun karısı evde yaşlı ve hasta bir adamın olmasına tahammül edemiyor, her fırsatta kocasına, "Babandan bıktım, usandım. Çocuklar yetmiyormuş gibi, bir de o yaşlı bunağa artık bakamam. Karar ver. Ya baban, ya da ben.. Eğer babamı tercih edersen, ben çeker giderim. Beni tercih edersen, babandan kurtalmanın bir yolunu bul. Yetti artık. Bıktım, usandım diyordu.

Adam duruma gerçekten çok üzülüyordu. Her defasında karısan, "Hanım, ne yapayım? O benim babam. Kime bırakayım. Ben bakmasam, ona kim bakar? Onu kim korur" diye yalvarıyor, karısını ikna etmeye çalışıyordu.

Kadın söz anlamıyor, dediğinden vazgeçmiyordu.

Adam düşündü, taşındı, sonunda babasını götürüp bir dağın başında bırakmaya karar verdi. Arabasını hazırladı, küçük oğlunu da yanına alarak babasına:

"Biz dağa gidiyoruz. Haydi, sen de gel. Biraz gezmiş olursun" diye yaşlı adamı da arabaya bindirdi. Dağa doğru hareket ettiler. Başına gelecekleri bilmeyen yaşlı adam, yol boyunca torunu ile şakalaştı, onunla oyunlar oynayıp küçüğü sevindirdi.

Dağa vardıklarında ıssız bir ormana girdiler. Oğlu, yere bir yatak serip babasını oraya yerleştirdi, yanına bir güğüm su, biraz da yiyecek bırakıp, "Baba sen burada yat. Ben biraz odun keseyim" diye küçük oğlunu da alıp, adamı yapayalnız bıraktı.

Neye uğradığını anlamayan yaşlı adam, arkalarından bakakaldı.

Aradan saatler geçip de gelen giden olmayınca, ne maksatla dağa götürüldüğünü, neden tek başına bırakıldığını anladı. Ama çaresizdi. Ağlamaktan başka elinden bir şey gelmiyordu.

İhtiyar adam, dağda kaderi ile başbaşa, akibetini beklerken, baba oğul arabayla köye döndüler. Çocuk babasına sordu:

"Dedemi neden dağda bıraktın? Gidip, onu almayacak mıyız?

Babası da: "O artık ihtiyarladı. Artık orada kalacak" cevabını verdi.

Çocuk babasının bu davranışına bir anlam verememişti. Dedesini seviyor, onu oyun arkadaşı, sırdaşı gibi görüyordu.

"Peki babacığım" diye konuştu... "Ben büyüyünce, sen de dedem gibi yaşlı ve hasta olacaksın. Ben de seni o zaman, dedemi bıraktığın gibi dağda mı bırakacağım?"

Ne kadar büyük bir günah işlediğini oğlunun sözlerindene sonra anlayan baba, ağlayarak atlarını kamçıladı. Dağa çıkıp babasını bıraktığı yerde bulunca ayaklarına kapandı, özür diledi. İhtiyar, oğlunun başını okşayarak, "Ağlama oğul" dedi. "Ben babamı dağda bırakmadım ki, Allah beni sana dağda bıraktırsın."

Az sonra baba, oğlu torunu birlikte, neşe içinde eve doğru hareket ettiler. Genç adam aklından, "Tercihim babamdır. İstedikten sonra bin tane karı bulurum ama, öz babayı nereden bulurum" diye geçiriyordu.

BİZ BU EVE TAŞINMADIK MI?

Bir gece Hoca'nın evine hırsızlar girer. Köşe bucak karıştırmaya başlarlar. Yükte hafif, pahada ağır ne bulurlarsa toplarlar. Hoca evde ya, evde yokmuş gibi davranır, yorganı başına çekerek, göz ucuyla olanları seyreder. Bakalım, bu işin sonu nereye dek varır, der.

Hırsızlar, her tarafı yokladıktan sonra evden çıkarlar. Arkalarından Hoca da çıkar. Onlar nereye giderse, sezdirmeden Hoca da onları izler. Sonunda bir kapının önünde dururlar. Sırtlarındaki yükü indirip içeri taşımaya başlarlar. İşleri bitip kapıyı kapayacakları zaman bakarlar ki, Hoca da adımını içeri atmak üzere. Birden şaşırırlar, sorarlar:

— Hoca senin ne işin var burada?

— Hoca, şaka yollu şöyle der:

— Biz bu eve taşınmadık mı?

Dilbilgisi:

Eylemden ad yapan ekler:

-gıç (-giç, -guç, -güç):

dal-mak, dal-gıç : Dalgıç denizin dibinde saatlerce kaldı.
bil-mek, bil-giç : Necdet Bey bilgiç biriymiş gibi gözükür.
başlan-mak, başlan-gıç: Biz henüz işin başlangıç noktasındayız.

-k (-ık, -ik, -uk, -ük):

iste-mek, iste-k : Bütün isteklerini yerine getirdim.
yan-mak, yan-ık : Yangından sonra vücudu yanıklar içinde kaldı.
yit-mek, yit-ik : Köylüler uzun aramalardan sonra yitik kuzuyu
buldular.
boz-mak, boz-uk : Necla Hanım bozuk arabayı tamire götürdü.
sök-mek, sök-ük˙ : Güzin Hanım sökük pantalonu dikmeye çalışıyor-
du.

-ak (-ek):

uç-mak, uç-ak : Uçak tam saat 14'te havalandı.
tara-mak, tar-ak : Tarakla uzun süre saçlarını taradı.
yat-mak, yat-ak : Doktorlar sert yatakların yararlı olduğunu söy-
lüyorlar.
dön-mek, dön-ek :. Dönek insanları hiç sevmem.
ürk-mek, ürk-ek : Veysel Bey'in dün ürkek bir hali vardı.

-n (-ın, -in, -un, -ün):

bas-mak, bas-ın : Bu olaya basın geniş yer verdi.
sor-mak, sor-un : Bence sizin sorunlarınızı ancak doktorlar hallede-
bilir.
diz-mek, diz-in : Kitabın arkasına bir de dizin koyunuz.
tüt-mek, tüt-ün· : Türk sigarası iyi tütünden yapılmıştır.

-ıcı (-ici, -ucu, -ücü):

sat-mak, sat-ıcı : Satıcı malı ucuza vermek istemiyordu.
geç-mek, geç-ici : Babamın geçici bir öfkesi vardı.
tut-mak, tut-ucu : Her ülkede ilerici ve tutucu insanlar vardır.
üz-mek, üz-ücü : Nihayet üzücü olaylar sona erdi.

İki ünlü arasına y koruyucu ünsüzü girer: önle-mek, önle-y-ici, koru-mak,
koru-y-ucu, dinle-mek, dinle-y-ici gibi.

-t (-ıt, -it, -ut, -üt):

taşı-mak, taşı-t : Taşıtlar çoğalınca trafik sorunu büyüdü.
yak-mak, yak-ıt : Bu kış hiç yakıt sıkıntısı çekmedik.
geç-mek, geç-it : Dağlar yarılarak büyük bir geçit yapıldı.
kon-mak, kon-ut : Yıllardır konut sorunu bir türlü çözülemedi.
öğ-mek, öğ-üt : Sana bir öğüt vereyim, sakın unutma.

Alıştırmalar:

1. Lütfen -k (-ık, -ik, -uk, -ük) eki ile eylemlerden ad yapın.

açmak	açık		
donmak	....	yenmek	....
bozmak	....	yitmek	....
dökmek	....	çözmek	....
ezmek	....	örtmek	....
kesmek	....	çarpmak	....
solmak	....	alışmak	....

2. Lütfen -ak (-ek) eki ile eylemlerden ad yapın.

batmak	batak	ürkmek	....
atmak	....	korkmak	....
dönmek	....	kurmak	....
durmak	....	kapmak	....
kaçmak	....	sapmak	....
kaymak	....	sürmek	....
konmak	....	titremek	....

3. Lütfen -n ve -ıcı ekleri ile eylemlerden ad yapınız.

satmak	satın	akmak	akıcı
yığmak	....	sürmek	....
akmak	....	tüketmek	....
saymak	....	yapmak	....
sökmek	....	dinlemek	....
yaymak	....	öğrenmek	....

4. Aşağıdaki kelimelerden hangileri eylemlerden yapılmıştır?

1
☐ yüzücü
☐ koşucu
☐ dişçi
☐ çiftçi

2
☐ gözcü
☐ seçici
☐ geçici
☐ sözcü

3
☐ ekin
☐ fırın
☐ gelin
☐ kışın

4
☐ özet
☐ anıt
☐ kanıt
☐ sakat

5
☐ sıcak
☐ parlak
☐ batak
☐ adak

6
☐ dizgici
☐ terzi
☐ sütçü
☐ uygun

DÜŞÜNCEYİ OKUYORLAR

Hiçbir bilim dalı, parapsikoloji gibi insanın kendi öz güçlerini araştırmaya yönelmez. Bilimin gelenekselliği bozulmasın diye parapsikoloji bugün resmen kabullenilmiyor. Ama, parapsikoloji bu tür yetenekleri değerlendirmek, araştırmak ve çözümlemek için oluşturulmuş bir "talep" bilimidir. Henüz 1930'lu yıllarda başlatıldığı içindir ki en genç bilim dalı olmak hakkını elinde tutuyor. Yasal bilim dünyası içinde, kendine bir kürsü edinmesi, "rasyonel ve maddi" bilim adamlarının düşmanca tutumları yüzünden oldukça geciktirildi.

Sonunda normalötesi olayların yığılması nedeniyle ve bunları savunan bilim adamlarının ısrarı ile parapsikoloji 35 yıl gibi kısa bir dönemde gelişti. Çünkü parapsikoloji, basit düşlerden başlayarak soyut ve hayali olayları, insanları etkileyen hipnozu, her tür tekinsizlik olayını, biyolojik "iç radyolarınızı", etkin doğaüstü güçleri, ruhsal ışınlanmaları, kehanetleri ve benzeri "insanda var olan ama ortaya çıkmamış ruhsal kuvvetleri" inceliyor.

Parapsikoloji, ruhsal olayların karmaşık bir hale gelmesinden ötürü bir yöntem kargaşası içermekle birlikte, akademik yöntem ve temellere oturtulabildi. Olaylar bir sınıflama ile tasnif edilebilmiştir. Bu da cesur pozitif bilimcilerin çabalarıyla oluşturuldu. Böylece psişik olaylar ile bilim arasında bir köprü kurulabildi. Öte yandan bilime yanaşmak için de İngiltere'de SPR (Psişik Araştırmalar Kurumu) kuruldu ve birçok bilim adamı orada bir araya geldi.

Din ile bilim birleşiyor mu?

Parapsikoloji, terim olarak, psikoloji ötesi anlamına geliyor. Psikoloji, bir davranış bilimidir ve parapsikolojik olayların gerisinde yer alır. Yani psikoloji keşfedilmiştir. Fakat parapsikoloji, henüz açıklanamayanları ve dört boyutlu uzay-zaman evrenimizin (buna madde de deniyor) ardında kalan, henüz bilinemeyen soyut enerjilerin, maddî insan bedenini aşarak olağanüstü birtakım olaylar yaratmasına bir anlam ve açıklama bulmak için çabalıyor. Bu anlayışa ve yola yeni girildi. Üstelik bu yol çok da uzun görünüyor.

Öncüler işbaşında

İlk parapsikoloji laboratuvarını 1930'larda Dr. Joseph Bank Rhine kurdu. Amacı ruhsal olayların ardındaki açıklanamayan güçleri ortaya çıkarmaktı. O dönemde parapsikoloji terimi yerine "psişik araştırma" terimi kullanılıyordu. Ruhçulardan bir kısmı, örneğin başta fizikçi Sir William Crookes ve Sir Arthur Conan Doyle olmak üzere, medyumik yetenekli bazı insanlar bu ilk araştırma laboratuvarının ilk çalışanları oldular. İlk ele alınan konu ise "yaşamdan sonraki bir yaşamın" araştırılmasıydı.

Dr. Rhine, biyoloji dışında kalan ve beyni aracı olarak kullanan bir zihin gücünün başardığı DDA'nın (duyular dışı algılama) yanı sıra, astral çıkış yeteneğini kullanmak gibi yeteneklerin insan düşüncesinde saklı bulunduğunu varsayıyordu. Laboratuvarına konsantre olabilme yeteneği yüksek insanları aldı ve onları izledi. Özellikle hiçbir ek yeri olmayan madenî ve tahta bilezikleirn bu tür yetenekli kişiler tarafından iç içe takıldığı olayları kaydetti. Bütün bunlar, yararlı bulunduğu için, beklenen parasal destek de sonunda kendisine sağlandı.

Telepati kanıtlanıyor

Parapsikolojinin yaklaşık yarım yüzyıllık araştırmalarının bilime olan katkısı 1981'de, Bristol'deki 5. Parapsikoloji Konferansında , özellikle California Üniversitesi araştırmacılarından Dr.Charles Tart tarafından vurgulandı. Öte yandan fizik yasalarına göre olanaksız gibi görünen bu tür deneyler için aleyhte ve kuşkucu bir yaklaşım gösteren bilim adamlarının, özellikle yönlendirildiği ve görevlendirildiği öne sürülüyor. İşte bu yaklaşım, parapsikolojinin çabuk gelişmesine ve kendisine bilimsel destekler bulmasına yol açtı.

Düşünce fotoğrafçılığı, laboratuvar çalışmaları sonucunda ortaya çıktı. Telepatinin sistemleştirildiği bir tür alfabe olan Zener kartları da bir laboratuvar ürünüdür. Zihni berrak ve sağlıklı olan hemen hemen her insan, kendinde saklı bir yetenek olan telepatiyi, bu yöntem ile ortaya koyabilir. Aslında telepatinin tek başına her insanda var olduğu, asıl zorluğun ise alıcı verici ikilisinin karşılıklı tesir alışverişinin sağlıklı olup olmamasından kaynaklandığı belirtiliyor.

Alışılmadığın korkusu

Akılcılık sözünün geçersiz kaldığı tek bilim dalı olan parapsikoloji, "akılötesi bir akılcılık" yöntemini doğurdu. Örneğin biyolojik radyo denilen telepati, denizaltılarda, uzay araçlarında çeşitli amaçlarla deneniyor. Bugün az sayıda olan üst düzeyde telepatları politik ve ticari alanlarda, insan ilişkileri ile ilgili her dalda kullanmak üzere kiralayan kuruluşlar var. Prapsikoloji enstitülerinde önceleri yetenekleri olmadığı halde daha sonra eğitilerek bu tür beceriler kazandırılmış öğrenciler bulunuyor.

Ancak bilim adamları, parapsikolojik yeteneği olan amatör ve profesyonel kişiler ile konuya yatkın amatör bilim adamlarını bir çatı altında toplamak amacındalar. Herkes kendi uzmanlık alanında yönlendiriliyor ve ekip çalışmasından yaklaşık sonuçlar alınıyor. Dr. Tart'ın bulduğu bu yöntem, eskiden olduğu gibi çok yetenekli dehaları aramak yerine, konuyla ilgili olan ve birbirlerini eğiterek belirli bir sonuca ulaşan bir ekip fikridir. Dr. Tart'a göre parapsikolojiye inanmayanlar, alışılmadık olayların paniğine kapılan çevrelerin sosyal korkularından etkileniyorlar.

Değişken yasalar

Bilimsel kuruluşlara ek olarak, amatör kuruluşlar ve bilimsel kuruluşların kendi içlerinde yöntemlerini bölmeleriyle, değişik sonuçlar bulunuyor. Birinin bulduğu sonucu diğeri bulamıyor ya da farklı sonuçlar elde ediliyor. Böylece fizikötesi bir deneyin her yerde aynı olan geçerliliği, parapsikolojide değişkenlik gösteriyor. Çünkü tek bir yasa, her yerde aynı sonucu vermiyor. O zaman bu durumda, şartlara göre ortaya çıkan geçici ilkelerin söz konusu olduğu görülüyor.

Örneğin, fizikte, ışık hızı değişmez. Fakat parapsikolojide bir yasa oluşturulduğunda, o yasa belirli kişilerle ya da belirli ortamlarla ilgilidir. Fizikte enerji, itici güçtür. Ama parapsikolojinin DDA enerjisi, kendiliğinden ortaya çıkan ve bilinmedik bir yerde saklı duran bir enerjidir.

Tesadüf makinesi

Amerikalı parapsikologlar, Harold Puthoff ve Russel Trag ise kendi araştırmalarının sonuçlarını "görüntünün nakledilmesi" adlı bir broşürde yayımladılar. Yalnız görüntü değil, acı, tat, koku ve benzeri duyuları da bu görüntüye efekt olarak ekleyebiliyorlardı. Alıcı ve verici telepat gruplar, ayrı odalarda birbirlerine görüntüleri yansıtabiliyorlardı. Örneğin bir fırtına manzarası oluşturuluyor ve bu, alıcı kişiye iletiliyordu. Öyle ki, her ayrıntı belirleniyordu. Bu "ısmarlama manzaranın" yani düşüncenin nakledilmesi demekti.

Almanya'da Freiburg Üniversitesinde görevli Dr. Helmut Schmidt ise renkli ışıkların yardımıyla, sayıların telepati aracılığı ile iletilebileceğini kanıtlayan "tesadüf makinesi"ni yaptı. Bu makinenin ışıklı panosu çark biçimindedir ve üzerinde her biri ayrı bir sayı ve renge eşdeğer olan kutular vardır. Örneğin kırmızı altılı, yeşil üçlü, sarı sekizli gibi... Bu makine rasgele durdurulduğunda ortaya çıkan sayılar, Zener kartlarından farklı olarak, alıcıdan vericiye daha başarılı bir şekilde naklediliyor. Sayılar renkli olarak düşünce ile daha kolay gönderiliyor. On yıllık araştırması boyunca Schmidt, Zener kartlarından daha başarılı ve beşte dört oranında isabet şansı olan telepatları ortaya çıkardı. Sonuçta tesadüf makinesi parapsikolojinin pozitif sonuçlarından biri olarak kabul edildi.

Üçlü telepati

Ancak gerek tesadüf makinesi, gerekse Zener kartları henüz yolun başındadırlar. Denekleri, sabırla belirli bir program altında saatlerce, bazen de süresiz olarak eğitmek gerekiyor. Parapsikolojinin pozitif sonuçlarından birisi de "Ganzfeld" tekniğidir. Bu üç kişi arasında deneniyor. Aranan ortam, kişilerin rahat, evindeymiş gibi olmalarıdır. Deneye giren kimseler ise ruhsal bir gerginlikleri olmaksızın, ferah kişilerden seçiliyor. Birinci kişi telepatik anlamı olan bir mesajı iletmeye çalışırken, ikinci kişi son derece gevşek, içine dönük yani "Ganzfeld" alanı içinde dünya ile ilişkisini kesmeye çalışıyor. Çevre gürültüleri ile dikkati dağıtacak sert ışıklar olmaması gerekiyor.

Öyleki, bu alan içinde tek gürültü telepatik mesajın ta kendisi olacaktır. İşte bu durumda derin gevşeme etkisindeki alıcı, birincinin mesajını alıp yükseltir ve zihinsel parazitlerden süzer. O zaman "beyaz gürültü" içinden, 7 renk dalga boyu gibi istenen mesaj seçilir. Üçüncü kişi ise net biçimde bu mesajı alır. Bu yöntem sesli biçimde de geliştirildi. Bir odadaki kişinin konuşması, ikincisinde telepatik mesaj durumuna getirilmekte ve üçüncü kişi ne kadar uzakta olursa olsun bu berraklaştırılmış mesajı düşünce olarak alıp daha sonra sözcüklere çevirebilmektedir.

Başarılı bir deney

Ganfeld yani içedönük alan tekniği Cambridge Üniversitesi görevlilerinden Dr.Carl Sargent tarafından ele alındı. Deney, ünlü İngiliz ressam William Blake'in Tarih Öncesinin İlk Günleri adlı tablosunun aktarılması üzerine planlandı. Bu tabloda, Tanrı, elinde pergeli andıran bir kumpas ile yaradılışı planlayıp ölçüp biçmektedir. Gönderici telepat bu tabloyu bir kağıda notlar alarak tanımlamaya çalıştı. Notlarda yazılanı telepatik yöntemiyle alıcı telepata iletirken, mühürlü zarf içinde yazılanı alan telepat da zarfı açmadan içindeki konuyu anladı ve deney başarıldı. Böylece pozitif bilimin istediği olumlu sonuçlardan biri daha elde edilmiş oldu.

Düşünce özgürlüğü tehlikede!

Parapsikolojinin olumlu sonuçlarının parlak başarısı yanında, ekolleri, farklı çalışma biçimleri ve kişilik gösterisine dayanan art niyetli yaklaşımlar da var.Kötü bir yöntem ve çıkar çatışması sonucu, herkes kendi başına bir tarz yaratmış gibidir.

Az sayıda kişide görülen parapsikolojik yeteneklerin, bütün insanlığın malı olabilecek biçimde nasıl geliştirileceği araştırılıyor. Parapsikolojinin olumlu sonuçları ile bu yeni bilimin belirli bir süre sonra, ruhsal doğaüstü güçlere ve bunların ileri teknolojisine ulaşabileceği umuluyor.

KÜÇÜK HABERCİ BULUT

Şimdi İstanbul'dan uzakta
İstanbul'u yaşamak ne hoş.
Al başını deli düşünce
Atlar gibi başıboş.

Önce çık köprüye Haydarpaşa'dan
Köprüde kadınlar bir hoş.
Etekleri rüzgârla kardeş
Gözlerinde balıklar sarhoş.

Sonra Lâleli'ye, tramvaylar
Ağzına kadar dolmuş.
Git bakalım, bulacak mısın
Gençliğini, ne olmuş?

Küçük haberci bulut, sen
Yosunlar kadar mayhoş.
Kızları hatırlatma şimdi.
Bir varmış, bir yokmuş.

Cahit Külebi

13

SİGARA İÇMEYENLER CEMİYETİ

Ayşe Hanım : Sigarayı günde kaç paket içiyorsunuz?
Göksel Bey : Günde iki paket.
Ayşe Hanım : Çok değil mi?
Göksel Bey : Bir doktor arkadaşım öyle tavsiye etti.
Ayşe Hanım : Doktor mu tavsiye etti? Nasıl olur günde iki paket sigarayı doktor nasıl tavsiye edebilir?
Göksel Bey : Bana günde kaç paket sigara içtiğimi sordu. ''Dört paket'' dedim. O da hemen bunu yarıya indirmemi söyledi. Ben de doktora bu tavsiyesinden dolayı teşekkür ettim.
Ayşe Hanım : Doktor sizi günde dört paket sigara zehri almaktan kurtarmış.
Göksel Bey : Ben zaten günde iki paket içiyordum. Doktora öyle söyledim.
Ayşe Hanım : Niçin öyle söylediniz?

Göksel Bey	:	Artık doktorları tanıyorum. "Sigara içmeyin." diyorlar, kendileri içiyorlar. İki paket içiyorum deseydim, "Derhal yarıya indireceksin, günde bir paketten fazla içmemelisin." diyecekti. Ben de bu yüzden dört paket içtiğimi söyledim.
Ayşe Hanım	:	Ama bu doğru değil, kendinizi aldatmak olmuyor mu? Sigaranın zararlarını artık bilmeyen kalmadı. Buna rağmen nasıl içiyorlar anlamıyorum. Ben de eskiden ara sıra içerdim. Hamile olunca bıraktım. Bir daha hiç içmedim. Siz sigarayı bırakmayı düşünmüyor musunuz?
Göksel Bey	:	Elbette düşünüyorum. Ben de doktorum. Biyokimya laboratuvarında çalışıyorum. Sigaranın zararlarını herkese ben anlatıyorum. Ama ben sigarayı bırakıyorum, sigara beni bırakmıyor.
Ayşe Hanım	:	Sigara İçmeyenler Derneğine üye olun. Ben oraya üyeyim. Sigarayı kolay bırakmanın birtakım yolları var.Cemiyetteki arkadaşların size faydası olur.
Göksel Bey	:	Ben de Sigara İçmeyenler Derneğine üyeyim.
Ayşe Hanım	:	Hem sigara içiyorsunuz, hem de derneğe üyesiniz. Bu nasıl olur?
Göksel Bey	:	Dernekte sigara içmiyorum. Böylece haftada bir saat olsun, nikotin almaktan kurtuluyorum. Bu bakımdan derneğin bana çok yararı oluyor.
Ayşe Hanım	:	Siz çok şakacı bir insansınız. Dün gazetede sigarayla ilgili geniş bir araştırma yazısı çıkmıştı. Size vereyim, bir göz atın. Belki fikriniz değişir, sigarayı bırakırsınız.
Göksel Bey	:	Teşekkür ederim, Hangi gazetede çıktı bu yazı?
Ayşe Hanım	:	Güneş Gazetesinde.
Göksel Bey	:	Pazar ilâvesinde değil mi?
Ayşe Hanım	:	Evet, yoksa okudunuz mu?
Göksel Bey	:	O yazıyı ben yazmıştım da...
Ayşe Hanım	:	Siz mi yazdınız? O halde nasıl olur da sigara içersiniz?
Göksel Bey	:	İnsanlığa hizmet için içiyorum.
Ayşe Hanım	:	Nasıl hizmet!..
Göksel Bey	:	Sigaranın zararlarını bizzat kendi üzerimde deniyorum. Gazetede okuduğunuz bütün o zararların çoğunu kendi üzerimde görüyor, deniyor ve insanlara zararlarını anlatıyorum. Bu zararları kendi üzerimde görmesem, o yazıyı nasıl yazardım.
Ayşe Hanım	:	Sigara içen diğer insanlar üzerinde araştırmalar yaparsınız.
Göksel Bey	:	Bu insanlığa yakışmaz. Ben kendimi kobay olarak kullanıyorum, başkalarını değil.
Ayşe Hanım	:	Bakın yine sigara yakıyorsunuz.
Göksel Bey	:	Bugüne kadar o beni yaktı. Biraz da ben onu yakayım.

"YAK BİR TANE" DEMESİ KOLAY AMA...
SİGARA ÖLDÜREBİLİR

Başta dudak, dil, yanak, damak, gırtlak, akciğer kanseri olmak üzere birçok hastalığın nedeni sigara.
Sigara içenler içmeyenlere nazaran vücutlarına yüzde 15 daha az oksijen alıyorlar.
Sigara içenler içmeyenlere göre daha unutkan.
Ellerde, kollarda, parmak ve bacaklarda sık görülen kangrenin nedeni yine sigara.
Kalp ise sigara kurbanlarından biri ve kuşku yok ki en önemlisi.

Sigara, yeryüzünde yaşayan milyonlarca insanın içtiği ve genelde "kötü arkadaştan iyi" dedikleri bir şey. Satın alınması kolay, fakat bir defa başlanınca bir daha bırakılmayan sigara yine gündemde. Ne zaman gündemden inmişti ki zaten?

Sigaranın insan yaşamındaki rolünü inceleyen uzmanlar, olayı başlıca iki ana konuya ayırıyorlar. Birincisi, "sigaranın insan vücudundaki olumlu yanları", ikincisi ise, "tüm organların, dolayısıyla sağlığın düşmanı olması"

Sigaranın insan vücudunda yarattığı olumlu yanları ele alırken, önce "nikotin" akla geliyor. Bundan sonraki açıklamalar hep nikotinin yaptıkları, ettiklerine dayanıyor.

Nikotin neleri etkiliyor?

1. Uzmanlar, nikotin sinir sistemini uyarıyor, kimilerini yatıştırıyor, kimilerine de enerji veriyor diyorlar. Bunun nedeni açık. Çünkü nikotin kalp hareketlerini artırırken, buna bağlı olarak kan dolaşımını hızlandırıyor. Bu da adrenalin hormonunun daha fazla salgılanmasına neden oluyor. Kan basıncı yükseliyor ve kan damarlarından daha fazla kan geçiyor. Fakat bu arada böbrekler etkilenirken, idrar üretimi azalıyor. Bunun sonucunda kandaki asit seviyesi yükselerek, kan hücrelerinin adeta birbirlerine çok yaklaşmalarına, hatta yapışmalarına neden oluyor. Bağırsaklar derhal etkilenerek, tembelleşiyor ve midedeki hazım olayı ortadan kalkarken, insanda iştah kalmıyor. Akciğerlerde oksijen alımı da azaldığı için karbondioksit ortaya çıkıyor.

2. Bütün bu olaylar cereyan ederken, varlığı inkar edilemeyen karbonmonoksit de organlara gitmesi gereken oksijeni engelliyor. Çok dikkate değer bir nokta da şu: Sigara içenlerde, içmeyenlere göre kalp ve akciğerler yüzde 15 daha az oksijen alıyor. Bunun doğal sonucu ise damar duvarlarında kolesterol birikmesi. Yani damar çapının gittikçe daralması oluyor. Kalp ise dar bir yerden kanı geçirebilmek için daha fazla çalışmak, daha fazla ve yüksek basınçlı kan pompalamak zorunda kalıyor. Onun için yüksek tansiyonlularda, kalp elektrosu alınırken, damarların açık olup olmadığına titizlikle bakılıyor.

3. Bu arada katranın solunum sistemindeki yeri de belirtiliyor. Bunun giderek arttığı söyleniyor.

Buraya kadar anlatılanlar kısaca özetlenirse sigara yatıştırıcı, sakinleştirici bir şey. Üstelik de iştahı azalttığı için şişmanlar tercih ediyorlar. Ama bir de madalyonun öbür yüzü var. Yani sigara dediğimiz şey, insan sağlığının bir numaralı düşmanı.

Vücudu çürüten düşman

A. Sigara, önce ağız ve boğazda etki yapıyor. Dudak kanserinden, dil, yanak, damak, gırtlak kanserine kadar birçok amansız hastalığın nedeni oluyor. Bu arada, ses tellerinin yıpranması, ses kısıklığı başlı başına bir olay.

b. Sigaranın ikinci hedefi akciğerler. Sigara dumanının solunum sisteminin koruyucuları olan küçük kılcıkları yok ettiğini bilmeyen yok. Bu kılcıklar yok olunca tüm zararlı maddeler kolayca bronşlara, bronşiallere gidebiliyor. Bu arada sigara içenlerde oksijen seviyesinin azaldığını söylemiştik. İşte bu yüzden "zor nefes alma" dediğimiz "anfizem" baş gösteriyor ve öksürük dediğimiz o harika mekanizma harekete geçiyor. Çok sigara içenlerin sık sık görülen öksürmeleri bundan.

c. Kalp, az oksijenle beslendiği için zorlanıyor. Her gün artan bir güçle kan pompalamaya devam ediyor. Yükü ağırlaşıyor. Kalp kasları az oksijenle beslendiğinden, organın kendisi zayıflıyor. Buna bağlı olarak, çok sigara içenlerde kalp krizleri, kalp hastalıkları artıyor.

d. Ya beyin? Beyin de elbetteki çok etkileniyor. Vücuda daha az oksijen girmesi yüzünden beyin yeteri kadar oksijenle beslenemiyor. Kişide unutkanlık, dikkati bir noktaya toplayamama gibi olaylar meydana geliyor. Hatta hesapta beyin damarlarının tıkanması, yani felç bile var.

e. Az oksijenle beslenen bir vücutta bağırsaklar görevini yapamadığı için sindirim sistemi bütünüyle tembelleşiyor. Özellikle midede ülserler ortaya çıkıyor.

f. Böbreklerin tam görev yapamadığını ve idrar üretiminin azaldığını, böbrek taşlarının belirdiğini hemen hemen herkes biliyor.

g. Bugün artık aşırı sigaranın hamile kadınlara zararlı olduğunu ve ana rahmindeki çocuğun sağlığını etkilediği açıklanmış durumda.

h. Sigara içmenin bir sonucu da kan damarlarındaki değişme, daralma, büzülme. Bunun da ellerde, kollarda, bacaklarda ve parmaklarda "kangren"e neden olabileceği açıklanmış bulunuyor.

Öyleyse yarından tezi yok sigaradan vazgeçmek gerekiyor. Ama nasıl? İşte bu kişinin iradesine bağlı oluyor. Çiklet çiğnemekten, sık sık yemeğe kadar her şey deneniyor. Sigarayı bırakanlar, "Yaşamak güzel!" diyorlar. Bırakamayanlar, "Atın ölümü arpadan olsun", diyerek, avunuyorlar. Kimse karışamıyor. Çünkü onların da yaşanmaya değer hayatları var.

Sağlık bir beden değil, bir kafa meselesidir.
Mark Baker Eddy

Sağlığı olanın umudu, umudu olanın her şeyi var demektir.
Arap Atasözü

Sağlıktan büyük zenginlik yoktur.
Emerson

152

TAVŞANIN SUYUNUN SUYU

Köylünün biri bir gün Hoca'ya konuk olur. Beraberinde de bir tavşan getirir. Hoca'nın karısı bunu güzelce bir temizler, pişirir, sofraya koyar. Birlikte afiyetle yerler.

Ertesi gün bir başka köylü gelir oturur Hoca'nın sofrasına:

— Ben geçen gün sana tavşan getiren köylünün komşusuyum, der.

Hoca ses çıkarmaz. Konuğu ağırlar.

Bir başka gün, bir başka köylü gelir akşam yemeğine:

— Ben de geçen gün gelen köylünün komşusuyum der.

Hoca kızar ama, yine ses çıkarmaz. Allah ne verdiyse yiyip yatarlar.

Sabah olur, öğle olur, köylüde kıpırtı yok, rahat, yiyip içip yatıyor...

Hoca bakar ki böyle olmayacak. Sofranın ortasına bir tas su kor:

— Afiyetle için, der.

Köylü merakla sorar:

— Hocam, bu su da neyin nesi?

Hoca cevabı yapıştırır:

— Bu mu, hani o tavşan vardı ya, işte o tavşanın suyunun suyudur!

14

TÖMER ALANYA'DA

Otobüs tam hareket etmek üzereydi. Öğrencilerden biri arkadaşının gelmediğini söyledi. Enver Bey otobüsteki bütün öğrencileri saydı. Gerçekten bir kişi eksikti. Enver Bey dakikti. Gezilere geç gelen öğrencilere çok kızar, onları hiç beklemezdi. Şoföre hareket emrini verdi. Otobüs fakültenin önünden hareket etti. Tam bu sırada geciken öğrenci de geldi. Bir sıçrayışta otobüse bindi. Alanya'ya doğru yola koyuldular.

Enver Bey saate baktı. Saat yirmiyi beş geçiyordu. Ankara ile Alanya arası ortalama dokuz saat sürüyordu. Demek ki sabahleyin saat yedi sularında erkenden Alanya'ya varmış olacaklardı. Öğrenciler şarkı ve türküler söyleyerek, dans ederek otobüsün içinde eğlenmeyi seviyorlardı. İki saat kadar eğlendiler, sonra uyuyakaldılar. Sabahleyin gözlerini açtıklarında kendilerini Alanya'da buldular. Otele eşyalarını yerleştirdiler. Programa göre öğleye kadar otelde dinlenecek, öğleden sonra Damlataş Mağarasına ve Alanya Kalesine gideceklerdi. Ama bazıları denize girmeyi, otelde dinlenmeye tercih ettiler. Bazı öğrenciler de kayığa binip denize açıldılar.

Damlataş Mağarası çok enteresandı. Bütün öğrenciler hayret ve şaşkınlıkla rengârenk bir mücevher gibi parlayan sarkıt ve dikitlere bakıyorlardı. Sanki mücevherler eritilmiş ve mağaranın taşları bu mücevherlerden yapılmıştı. Mağaranın garip bir havası vardı. Öğrenciler nefes almakta zorluk çektiklerini hissettiler. Enver Bey, bu havanın astımlı hastalara çok iyi geldiğini ve astımlı hastaların hergün Damlataş Mağarasına gelerek kür yaptıklarını anlattı. Gerçekten de mağaranın alt kısmına ininte öğrenciler burada kür yapan hastaları gördüler. Damlataş Mağarasına ayrılan süre otuz dakikaydı. Bu süre dolmuştu ama hiç kimse buradan ayrılmak istemiyordu. Mağaranın esrarengiz havası sanki hepsini büyülemişti. Enver Bey öğrencilere, akşam olmadan Alanya Kalesine gitmeleri gerektiğini söyledi ve mağaradan çıkarak otobüse bindi. Öğrenciler istemeyerek onu takip ettiler.

Kale yüksek bir tepeye kurulmuştu. Otobüs kıvrımlı yollardan dolanarak yavaş yavaş yukarı doğru tırmandı. Öğrenciler kaleye geldiklerinde bambaşka bir manzara ile karşılaştılar. Uçsuz bucaksız bir deniz, nereye baksan su. Uzaklarda, çok uzaklarda gök ile deniz birleşiyor. Ufuk çizgisini takip ediyorsunuz. Yay biçiminde hafif eğri olan bu çizgi. size dünyanın yuvarlak olduğunu gözlerinizle görmenin mutluluğunu tattırıyor.

Enver Bey kalenin tarihini anlattı. Öğrenciler bir taraftan Enver Beyi dinliyor bir taraftan da arkada yükselen Toros Dağlarını, dağların eteğinden denize doğru uzanan yemyeşil portakal, limon ve muz bahçelerini seyrediyorlardı. Enver Bey öğrencilere ilginç bir şey göstereceğini söyledi. Hep birlikte yürüdüler. Kalenin burçlarından birine geldiler. Burçtan baktılar. Aşağısı korkunç bir uçurumdu. Sahilden gelip geçen motorlar, kayıklar bir nokta şeklinde gözüküyordu. Enver Bey eskiden idam mahkûmlarının buraya getirildiğini, denize taş düşürebilirse affedildiğini, aksi takdirde uçuruma atıldığını anlattı. Bunun üzerine bütün öğrenciler denize taş atmaya başladılar. Bir kişi hariç, hiç kimse denize taş düşüremedi. Deney başarısız olunca öğrenciler aralarında şakalaşıp idamlık suç işlememeye karar verdiler.

Akşam olunca binlerce turist kaleden gün batışını izlemeye gelir, resim çekerlerdi. Öğrenciler de gün batışını izlediler. Dönerken kalenin bekçisi otobüsün önündeki ''TÖMER'' yazısının ne anlama geldiğini sordu. Enver Bey, Ankara Üniversitesine bağlı olan Türkçe Öğretim Merkezinin kısa adı olduğunu, yabancı öğrencilere hem Türkçe öğrettiklerini hem de Türkiye'yi gezdirdiklerini söyledi. Öğrenciler otobüse binmişti. Otobüs hareket etmek üzereydi. Enver Bey otobüse zor yetişti. Öğrenciler ''Hocam biraz daha gecikseydiniz, sizi burada bırakacaktık.'' dediler.

ROBENSON

Yuvarlak dünyanın üstünde isimlerini bilmediğimiz fiyortlar, kanallar ve limanlar; gece olunca sakin denize bakan tek bir fener, bazen sağnaklı ışıklar döküp yürüterek, bu yuvarlak dünyanın üstünde bir vücut gibi sinirli ve haraketli yaşarlar.

Dünya alabildiğine doludur. Dünyada bakışları birbirine benzeyen birçok insanlar, deniz kenarlarında yıkanır; dağların üstünde buzlar içinde kayar; veya ovaların salkım söğütleri, kavakları altında sevişirler.

Gözlerin gözlerimden ziyade bana yakın, ellerin ellerim kadar sinirli, sarı tüylü ensen, sandallarının içine hapsolmuş müsterih çıplak ayakların... rengin sarı, kırmızı, esmer, siyah, ne olursa olsun, lisanını anlar, kokunu duyar gibiyim.

Bu yeşil, sarı, lacivert bayrak, sizin bayrak, sizin bayrağınız. Komşu kabilenin bayrağı aynı renkte, aynı şekilde, fakat üzerinde dokuz yıldız var.

Onun için mi boğazlaşıyorsunuz? Kavgadan evvel evlerinde yemek yediğin, başı sana dokunduğu zaman yaşadığını hissettiğin çocuğu bu dokuz yıldız için mi öldüreceksin?

' Anlaşıldı, ben bayrakları değil, insanları seviyorum. Öyle ise, yuvarlak dünyanın üstünde akıp geçen yıldızlara bakan vapurlarda ömrüm geçecek.

Bandırası her ne olursa olsun, aşılandığım ve ekildiğim limanda dallarımı sallayarak her geçen vapuru selamlayacağım. Aylardır otuz metre murabbaı içinde kök salmış bir ağaç gibi rüzgârları emmekle yapraklarımı şişiriyordum.

Fakat hiçbir yaprağım bir yelken büyüklüğü almadan denize doğru gidemeyeceğim, diyordum. Hiçbir yaprağım bir yelken büyüklüğü alamayacak sanıyordum.

Bulunduğum limanın havasında insanı yelkenlilere ve şileplere iten bir mıknatıs mevcut olduğunu işitir, inanmazdım.

Napoli'de nasıl yerleşip kalmak, her akşam Vezüv'ü seyretmek, ay ışığında gladyatörler gibi denize girenlere bakmak, günlerce makarna yiyip şarkı söylemek arzusuyla üç dört saat kaldımsa, burada tamamen aksi oldu.

Günlerce eski limanın uzunluğunca vapur bekledim. Bir an evvel bir küçük vapur ve bir iş.

Ben "İstakozların En Büyüğü"ne uğramıştım. "İstakozların En Büyüğü" meyhanecinin hayalini genişletmek için özel olarak düzenlenmiş kocaman aynaları ve içeriye dört beş kişilik bir grup girince her tarafı doluveren, esrarengiz bir meyhanedir.

Mor çuha kasketlerini kaşına yıkmış, yelken kullanmasını bilmeyen gemicilerden, köpek balıklarının ağzından kurtulmuş denizcilere kadar birçok gönüllü bahriyelilerin uğrağı olan "İstakozların En Büyüğü"nde Baba Vilyams'a rastladım. Bana bir iş teklif etti:

İcabında İngiliz bandıralı bir şileple Amazon kıyılarına gideceğiz. Şehir şehir, köy köy, buğday, mısır, domuz taşıyacağız.

Beş İngiliz lirası ayda.

Adiyö büyük liman, seni öbür kışa bir ay için gelip göreceğim.

— Allahaısmarladık, Yoana.

— Deniz havası serindir Robenson, lacivert fanilanı giyseydin.

— Giyeriz anam, ver dudaklarını.

Yuvarlak dünyanın üstünde fiyortlar, berzahlar, limanlar doludur. Denizler karalardan daha geniştir.

— Adiyö Sait, Kosti'ye selam!

— Uğurlar olsun, Roben!

Sait Faik Abasıyanık

Bakınız Anlatınız

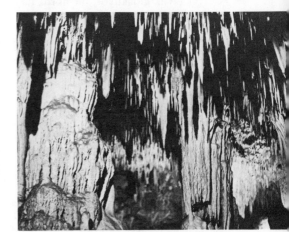

HAYAT NE TATLI

Memduh Şevket Esendal

Temmuz, öğle vakti. Komşuda bir kadın sesi... Niye bağırdığı anlaşılmıyor. Belki çocuğuna haykırıyor. Müezzinin duvarlarından terasa bir kedi atladı. Birkaç ev ötede, bir tavuk gıdaklıyor, bir horoz da ona yardım ediyor, sanki dem tutuyor. Anası, aşağıda iki komşu hanımla oturmuş, her nedense ateşlenmiş, hızlı konuşuyor. Belli ki dedikodu yapıyorlar. Tekir kedi minderin üzerine uzanmış, dört ayağını germiş, uyuyor. Eski kırık konsolun üstündeki kırık fanuslarıyla anasının gelinlik Saksunya lambaları; helezonlu, yaldızlı bir çift su bardağı, boncuk kapakları altında uyuyup duruyor. Her şey yerli yerinde, hayat her vakit olduğu gibi...

Hafız Nuri Efendi, kapının arkasından şemsiyesini aldı, yavaşça sokağa çıktı. Neden? Bir işi yok. Hiç çıkmasa da olabilirdi. Ancak çıkmış bulundu. Ayakları onu dörtyol ağzına doğru götürdü. Bir yanında bakkal, bir yanında mezarlık duvarı, karşısındaki iki evin arasındaki bir boş arsadan demiryolu görünüyordu. Bu boş arsacıkta, yan yatırılmış bir bayram salıncağı duruyor. Evlerden birinin kamburlaşmış belini üç uzun direkle desteklemişler. Sarı tenekeden bir tramvay arabası titriyerek, sarsılarak geçti. Yedikule tarafına gitti. Sokaklar boş, derviş kılıklı inmeli bir adam, kolunun birini önüne doğru sallandırarak, ayağınırbirini sürükleyerek geçti. Sokak yeniden boş kaldı. Birdenbire bir gürültü duyuldu. Tren geliyor. Edirne'den gelen bir yük treni, yerleri sarsarak hızla geçip gidiyor. Baş döndürücü bir geçiş. İki evin arasındaki dar aralıktan vagonların geçtiği görülüyor. Geçti, geçti, sonra birdenbire bitti. Oooooh!... Nuri Efendi rahatsız olmuştu. Edirne'den İstanbul'a kadar gelmişsin, Sirkeci kaç adımlık yer! Şöyle yavaş yavaş, kâmil kâmil gitse olmaz mı... Deli gibi, sanki kelle götürüyor.

Hafız Nuri Efendi, köşeye dayanmış duruyordu. Birdenbire yanında birini gördü. Kavaf'ın Şükrü... Arka sokaktan mı çıktı... Nuri Efendiye:

— Birini mi bekliyorsun? diye sordu.

— Yoooook!..

— E, duracak mısın?

— Bilmem, duruyorum işte...

Nuri sesini çıkarmadı. Biraz durduktan sonra gene Şükrü:

— E, duracak mısın? diye sordu.

— Duruyorum, bilmem, dedi.

— Gelirsen gel, seni Kumkapı'ya götüreyim.

- Nuri boynunu büktü:

— Gidelim dersen, gidelim, dedi.

— Yürü, gezmiş olursun.

Yürüdüler. Karşı kaldırıma geçtiler, sağa sola saptılar, demiryoluna çıktılar. Şükrü:

— Sen gidedur, ben sana yetişirim, dedi. Oradaki odun deposuna girdi.

Hafız Nuri Efendi yürüdü. Şemsiyesine dayanarak, iki yandaki bostanlara, marullara, salatalara bakarak yürüyor, tren sesi işitince arkasını dönüp bekliyor, sonra yine yola düzülüp şemsiyesini sallayarak yürüyor. Hava sıcak, arkasındaki uzunca sako omuzlarına asılıyor, fesi terden yapışıyor, ancak o aldırmıyor, yürüyordu. Vakit erken ise de, Kumkapı deniz hamamları kalabalıktı. İki yazmacı, kenarda kayaların üstünde yazmalarını sermiş, kurutuyorlar. Nuri Efendi yürüdü. Geçitten geçerek mahalle içinden istasyonun arkasını dolaştı, yeniden demiryoluna çıkacağı yerde mahallelerinin kömürcüsü Halil ile karşılaştılar.

— Hayrola Nuri Efendi, nereye?

— Valla bilmem, işte böyle gidiyorum...

Arkasına dönüp bakarak:

— Şükrü gelecekti, gelmedi.

Halil sordu:

— Hangi Şükrü, dedi.

— Kavaf'ın Şükrü!

— Bir yere mi gideceksiniz?

— Yooo, öyle, gidelim dedi idi de... Gelmedi.

Halil:

— Bırak canım, dedi, Şükrü'nün ipi ile kuyuya inilir mi? Kim bilir nereye takılmış kalmıştır. Ben mahalleye gidiyorum, hadi, dön gidelim.

Nuri Efendi boynunu büktü:

— Olur, dönelim, dedi.

- Hadi, hadi, yürü!

Döndüler. Halil kömür almaya gelip de pazarlığı yapamadığını anlatmaya başlamış ve daha on beş adım atmamışlardı ki arkadan Halil'i çağırdılar. Bu çağırıştan bozulan pazarlığın düzeleceğini anlayan Halil döndü. Nuri Efendiye:

— Sen, dedi, gidedur! Ben yetişirim.

Nuri Efendi yürüdü. Geldiği yolu tutturup gene tek başına mahallenin kahvesinin kapısı önüne kadar geldi.

İki kişi, ortada alçak hasır iskemlelere karşılıklı oturmuş, tavla oynuyorlardı. O da gitti, üçüncü boş iskemleye oturdu. Dirseklerini dizlerine dayadı, şemsiyesinin sapını ağzına aldı, tavla seyretmeye başladı.

Oyunculardan biri oyun kaybetti. Gene o adam ikinci oyunu da kaybedip bir parti yenilmiş olunca kızdı. Yenilmesini Hafız'ın uğursuzluğuna verdi. "Geldi, zarımı kırdı." diye düşündü ise de açıkça söylemek istemedi.

Oyuncular yeniden başladılar. Biraz önce yenilen adam bir oyun daha kaybedince sabrı tükendi.

— Hafız, dedi, valla geldin, zarımı kırdın. Biraz git, ötede dur.

Hafız Nuri Efendi, buna kızar gibi oldu: "Benim sana ne ziyanım var." diyecekti, demedi. Kalktı, kahve kapısına gitti, durdu. "Eve dönsem" diye düşündü. Artık ikindi vakti. Akşam oluyor. Köşeden geçerken bakkaldan ekmeğini aldı. Eve gitti. Annesi kapının ipini çekti. Mangalda pişen yemeğin kokusu bütün evi bürümüştü. Odasına çıktı, gecelik entarisini, şamhırkasını giydi, pencerenin önüne oturdu. Akşam satıcıları geçiyor, mahalleye akşam rengi çöküyordu. Sokağın köşesinden bir çocuk:

— Hayri, gel, annem seni çağırıyor! diye kardeşine sesleniyor.

Bir kız çocuk, elinde bir deste maydanoz, takunyalarını tıkırdatarak geçiyor. Komşu Gaffar'ın oğlu, iki boş küfeyi bostan kapısından sokmaya çalışıyor. İki hanım, belli ki uzakça bir yere gitmiş ve geç kalmışlardı. Hızlı hızlı eve dönüyorlar. Mutfakta annesinin takunyalarla dolaştığı duyuluyor... "Hayat, ne tatlı şey." diye düşündü. İnsanın ömrü olmalı da yaşamalı...

(**Meslek Gazetesi. 12 Mayıs 1925**)

DENİZ TÜRKÜSÜ

Dolu rüzgârla çıkıp ufka giden yelkenli!
Gidişin seçtiğin akşam saatinden belli,

Ömrünün geçtiği sahilden uzaklaştıkça
Ve hayalinde doğan âleme yaklaştıkça,

Dalga kıvrımları ardında büyük tenhalık,
Başka bir çerçevedir, gitgide, dünya artık.

Daldığın mihveri, gittikçe, sarar başka ziya;
Mavidir her taraf, üstün gece, altın derya...

Yol da benzer hem uzun, hem de güzel bir masala
O saatler ki geçer başbaşa yıldızlarla...

Lakin az sonra leziz uyku bir encâma varır.
Hilkatın gördüğü rüya biter. Etraf ağarır.

Som gümüşten sular üstünde, giderken ileri,
Tâ uzaklarda şafak bir bir açar perdeleri...

Musikiyle bir âlem kesilir çalkantı
Ve nihayet görünür gök ve deniz saltanatı.

Girdiğin aynada, geçmiş gibi diğer küreye,
Sorma bir saniye, şüpheyle, sakın: "Yol nereye?"

Ayılıp neşeni yükseltici sarhoşluktan,
Yılma korkunç uçurum zannedilen boşluktan.

Duy tabiatta biraz sen de ilah olduğunu,
Ruh erer varlığının zevkine duymakla bunu.

Çıktığın yolda, bugün yelken açık, yapayalnız.
Gözlerin arkaya çevrilmeyerek, pervasız.

Yürü! Hür maviliğin bittiği son hadde kadar.
İnsan âlemde hayal ettiği müddetçe yaşar.

YAHYA KEMAL BEYATLI

CENNET GEMİSİ

Halikarnas Balıkçısı

Gangava (Sünger gemisi) Bozburun'a doğru yol alıyordu. Gökyüzü yıldız pırıltısından ibaretti. Tayfa küme küme güverteye toplanmıştı. Deli Memiş adlı bir süngerci de oradaydı. Aklını birkaç yıl önce oynatmıştı. Anadolu kıyı köylüklerindendi. Sefer dönüşü evine varınca, karısının ve dört çocuğunun bir gece önceki depremde ezilmiş olduklarını görmüş ve çıldırmıştı. Süngerciler on beş gün önce sefere çıkarken, onlara, beni de alın diye yalvarmıştı. Ona acımışlar, "haydi gel" demişlerdi. Deli Memiş, etrafına halka olmuş denizcilere "Cennez Gemisi"'ni anlatıyordu.

"Ölen denizciler elbette cehenneme gitmezler, amma cennete de gitmezler, çünkü cennette deniz yok, yalnız kara var. Tuba ağacı var, fakat onun kerestesinden bir trandil teknesi yapsan bile, onu yüzdürecek deniz olmayınca kaç para eder?

"Gemiye manevra yaptırırken direkten güverteye düşüp ölen veya denize düşüp boğulan denizciler için Ulu Tanrı bir Cennet Gemisi yaptırmışmış. Öyle ya, denizsiz cenneti denizciler neylesinler? Orası onlara cehennem olur.

"Onlar, yani denizciler, bir kere öldüler mi, yaraları görünmezmiş. Mesela başı veya bacağı ezilmiş bir denizci Cennet Gemisi'nde gene başlı ve bacaklı olurmuş. Sonra hepsi de sanki yirmi yaşında imişler gibi gençleşirlermiş. Bunların arasında Gelibolu'-dan, İzmir'den eski leventler varmış, fakat en çok Berberiye'den korsanlar bulunur-muş. Yeni terleyen bıyıkları ve gülümsedikleri zaman bembeyaz parlayan dişleriyle görülecek delikanlılarmış. Armaya tırmanmakta onlardan daha çeviyi ve atiyi bulun-mazmış. Çünkü gövdelerinin ağırlığı yokmuş. Değil yetmiş, seksen okka, en boylu bos-lusunun bile ağırlığı bir dirhem değilmiş. Bir sıçrayışta güverteden papafingonun ucuna konarlarmış, direkten direye de hoplarlarmış.

"Bu Cennet Gemisi küçük bir gemi değilmiş. Provasından dümenine kadar, yani gemiyi boylu boyunca yürümek için bir ay lazımmış. Direkleri o kadar yüksekmiş ki, geceleri Samanyolu'nu süpürürmüş. O denizlerin içi sevinçler ve saadetlerle dopdo-luymuş. Denizciler de sevinçlerinden kendilerinden geçip boyuna deniz ve su türküleri ve mânileri söylerlermiş. Hattâ bazan geceleri yalnız olarak nöbet beklerken bize denizden tatlı bir fısıltı gelir a! İşte o, işte o ölmüş denizcilerin uzaktan işitilen türkü-leriymiş. O geminin direk ucuna biz diri denizciler bir çıkarsak ancak sakalımız ağa-rınca inebilirmişiz. Direk tâ o kadar yüksekmiş. Bazan hani göğün bir tarafında yağ-mur yağarken, öteki taraf günlük güneşlik olunca, yedi renk gelin kuşağı mı, eleğim-sağma mı, ne olur a? İşte o eleğimsağma denizcilerin Cennet Gemisi'nin direğinden uzanan fors sancağı imiş.

"O gemide vardiyalar da varmış, fakat ikide birde düüt! düüüt! diye düdük çalmazlarmış. O geminin reisi Nuh Aleyhisselâm, ikinci kaptanı Yunus Aleyhisselâm'mış. Öteki peygamberlerde sık sık gemiye misafir gelirlermiş. Geminin kerestesi Marmaris'in buhur ağacındanmış. Demiri, çivileri, hep altın ve gümüştenmiş, gemide bir cakaloz topu varmış, onu patlattıkları zaman tâ kalû belâdan beri cehennemde yanmaya alışkın, şeytan bile: "Aman yandım!" diye bağırır kaçarmış.

"Meleklerin hepsi de gelin elbiseleriyle gelirlermiş, denizcilerin ranzalarına otururlarmış. Bunların esmer, kara gözlüleri bizim güneyin Menteşeli kızlarına, çakır gözlü, sırma saçlıları da Rumeli kızlarına benzerlermiş.

"Yemeklerde öyle bayat galeta değil, her gün tavuk kızartması, hindi ve kuzu dolması, onlarla beraber akik gibi, yakut gibi kırmızı, bir de güneş ışığı gibi altın sarısı beyaz şarap sunarlarmış. Korsanlar içerlermiş ve hep yelken gölgesinde şekerleme kestirlermiş. İnsan yalnız çubuğunu tütünle doldurmak için uyanırmış. Bazen denizciler dünyada bıraktıkları çoluk çocuk ne oldu diye merak edip efkârlanınca, hemen çubuk yakarlarmış. Tam grandi direğinin dibinde içi tütün dolu kocaman bir fıçı bulunurmuş. İnsan ondan ne kadar tütün alsa, fıçı gene dolu bulunurmuş. Bu tütünün dumanı açık mavi olurmuş. Bazı akşamlar ufukta mavi mi deyeyim, pembe mi deyeyim, ince hafif bir buğu olur a, işte dünyadaki çoluk çocukları hakkında efkârlanıp da onları görmek isteyen şehitlerin dudaklarından tellenen dumanlarmış onlar.

"Ben bu söylediklerimin hepsinden eminim. Hani, Koca Hamza vardı ya? Hani dört yıl önce Mondros muharebesinde şehit olmuştu. Onunla beraber savaşıyorduk. İkimiz de Mesudiye zırhlısının kıç taretindeydik. Hamza'nın göğsüne üç karış uzunluğunda sivri bir demir saplandı. Bir düşman güllesi taretin içinde patlamıştı. Hamza böğrünün üzerine düştü; kanlarının içinde debelenirken yanına koştum, ona yardım etmek için üzerine eğildim. Nah! O koca gözlerini faltaşı gibi açmıştı. Bana bakmıyordu. Sanki ötenin de daha ötesinde, uzağın uzağındaki bir yere bakıyordu. Denizin üzerinde bir yerdi o! Sonra bana işaret etti. Daha da eğildim, kulağımı ağzına dayadım. Kulak zarını patlatırcasına gürlemekte olan top seslerini yenmek zorundaydı. Bana: "Allahaısmarladık, Memiş, ben gidiyorum. Bir gün Cennet Gemisi'nde kavuşuruz" dedi.

"Allah için söyleyin, Koca Hamza hiç yalan söyleyecek adam mıydı? Demek ki o son nefesini verirken Cennet Gemisi'ni görüyordu. Kim bilir, belki onu gemiye almak için gökten bir filika indirilmekte olduğunu görmüştü. Az kalsın aşağıya koşup fıkaranın sandığını da getirecektim. Ama, "Hamza Cennet Gemisi'nde pılıpırtılarını ne yapar?" diye düşündüm de vazgeçtim. Koca deniz uşağına Cennet Gemisi'nde yepyeni denizci elbiseleri giydirmişlerdir.

"A kardeşlerim, ben artık deli değilim a! Tam Hamza son nefesini verirken Cennet Gemisi'ndeki denizci arkadaşlar üç kere: "Allah var!" diye bağırdılar.

"Biliyorum şimdi çocuklar Cennet Gemisi'ndedir. Arkadaş denizciler mutlaka yavrulara kendi evlatlarıymış gibi bakarlar. Ölen çoluk çocuğun Cennet Gemisi'ne alınmaları Tanrının bir inayeti. Çocuklar karada ne yapsınlar? Bütün kıyı çocukları deniz ve kayık meraklılarıdır. Çocukları çok göresim geldi. O kara gün köyden ayrılırken kızım küçük Emine bana: "Baba erken gel." demişti. Hâlâ sesi kulağımda. Erken döndüm. Fakat ölülerini görmek için dönmüştüm.

"Ah! Bende talih yok ki! Şu gövdeden kurtulsam da Cennet Gemisi'nde çocuklara kavuşsam."

Gözleri hasret yaşları ile doluydu.

Bütün Akdeniz nur içindeydi. O apaydın gümüşî ay ışığında geminin iki feneri kıpkırmızı idi. Bir denizci bir türkü tutturdu. Aranağmesini denizciler hep bir ağızdan söylediler. Sesleri denizin hışıltısına karıştı.

MAVİ YOLCULUK

BODRUM   Çökertme   Ören   Akbük   Gökova

ANTALYA

EGE DENİZİ   MARMARİS

Dalyan

Mersincik

Kemer

Knidus   Datça

Olimpus

Fethiye

Ölüdeniz

Serçe

Finike

Kalkan   St. Nicolas

AKDENİZ   Kaş

Kekova Ad.

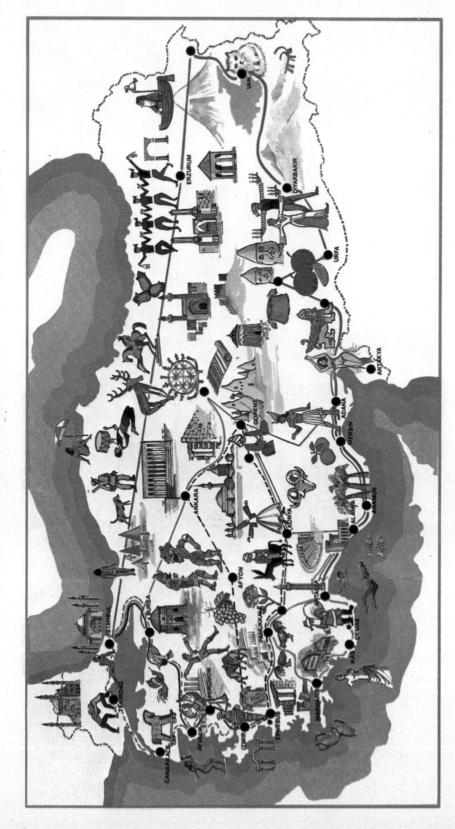

TURİSTİK TÜRKİYE HARİTASI

Ankara

İstanbul

Efes - İzmir

Çanakkale

Marmaris

Marmaris

Fethiye

Ölüdeniz

Kekova-Antalya

Alanya

Side

Antalya

Side

Perge-Antalya

Türkçe Öğreniyoruz I, II, III, IV
Türkisch Aktiv

Türkçe Öğreniyoruz dört ciltten oluşmaktadır. Türkçe Öğreniyoruz'a ait anahtar kitaplar, kasetler, slaytlar, dilbilgisi ve alıştırmaları anlatan video filmleri vardır.

- **Türkçe Öğreniyoruz I**
  Türkçe Öğreniyoruz I'de daha çok günlük konuşmalara yer verilmiştir. Bu kitabı bitiren günlük konuşmaları rahatlıkla yapabilir.

- **Türkçe Öğreniyoruz II**
  Günlük konuşmaların yanı sıra bazı basit metinler bu kitapta yer almıştır. Türkçe dilbilgisinin en önemli konuları bu kitapta çözümlenmiştir. Bu kitabı bitiren, Türklerle sohbet edebilir. Gazete haberlerini büyük ölçüde anlayabilir.

- **Türkçe Öğreniyoruz III**
  Bu ciltte gazete ve kitaplardan alınan örnek metinler vardır. Dilbilgisinin incelikleri bu kitapta işlenmiş, Türk kültürünün ve Türkiye'nin tanıtımına yer verilmiştir.

- **Türkçe Öğreniyoruz IV**
  Türk kültürünün tanıtımına ağırlık verilmiştir. Bu kitabı bitiren üniversite öğrenimini sürdürebilecek düzeyde Türkçe öğrenir.

Türkçe Öğreniyoruz Dizisi

Türkçe Öğreniyoruz I   8$

Türkçe Öğreniyoruz I'e ait Anahtar Kitaplar (Glossary)

Türkçe-İngilizce I   3$
Türkçe-Almanca I   3$
Türkçe-Fransızca I   3$
Türkçe-Arapça I   3$
Türkçe-Farsça I   3$
Türkçe-İtalyanca I   3$
Türkçe-Hollandaca I   3$
Türkçe-Japonca I   3$
Türkçe-Çince I   3$
Türkçe-Kazakça I   3$

Türkçe Öğreniyoruz I 'e ait Ses Kasetleri

1 Takım (3 Adet) 60x3=180 dk. 10$

Türkçe Öğreniyoruz II 8$

Türkçe Öğreniyoruz II' ye ait Anahtar Kitaplar (Glossary)

Türkçe-İngilizce II	3$
Türkçe-Almanca II	3$
Türkçe-Fransızca II	3$
Türkçe-Arapça II	3$
Türkçe-Farsça II	3$
Türkçe-Özbekçe II	3 $

Türkçe Öğreniyoruz II'ye ait Ses Kasetleri

1 Takım (3 Adet) 60x3=180 dk.   10$
Türkçe Öğreniyoruz III   8$

Türkçe Öğreniyoruz III' e ait Anahtar Kitaplar (Glossary)

Türkçe-İngilizce III	3$
Türkçe-Almanca III	3$
Türkçe-Fransızca III	3$
Türkçe-Arapça III	3$
Türkçe-Farsça III	3$

Türkçe Öğreniyoruz III'e ait Ses Kasetleri

1 Takım (3 Adet) 60x3=180 dk. 10$

Yabancılar İçin Konuşma Kılavuzları

Almanca-Türkçe	5$
İngilizce-Türkçe	5$
Fransızca-Türkçe	5$
İtalyanca-Türkçe	5$
İspanyolca-Türkçe	5$
Romence-Türkçe	5$
Fince-Türkçe	5$
Hollandaca-Türkçe	5$
Macarca-Türkçe	5$
Kazakça-Türkçe	5$
Özbekçe-Türkçe	5$
Tatarca-Türkçe	5$
Başkurtça-Türkçe	5$

Cep Konuşma Kılavuzları

Almanca-Türkçe	4$
İngilizce-Türkçe	4$
İtalyanca-Türkçe	4$

Türkler İçin Konuşma Kılavuzları

Türkçe-Almanca	5$
Türkçe-İngilizce	5$
Türkçe-Fransızca	5$
Türkçe-İtalyanca	5$
Türkçe-İspanyolca	5$
Türkçe-Romence	5$
Türkçe-Arapça	5$
Türkçe-Rusça	5$
Türkçe-Macarca	5$
Türkçe-Hollandaca	5$
Türkçe-Kazakça	5$
Türkçe-Özbekçe	5$
Türkçe-Tatarca	5$
Türkçe-Başkurtca	5$

Kamu Personeli Dil Tazminat Sınavına Hazırlık Kitabı

İngilizce   30.000 TL
Almanca   30.000 TL
Fransızca   30.000 TL
Grammer Exercises Book   20.000 TL
Aydınlık Karanlık   20.000 TL

Mavi Yolculuk Dizisi

Bodrum (İng., Alm.,Frs.)   8$
Marmaris (İng.,Alm.,Frs.)   8$
Dalyan (İng.,Alm.,Frs.)   8$
Fethiye (İng., Alm., Frs.)   8$
Göcek (ing., Alm.)   8$

GENEL DAĞITIM

İSTANBUL

BE-TA Basım Yayın A.Ş. Himaye-i Eftal Sokak 13-15 Tala Han Cağaloğlu
Tel: 511 54 32

Net Turistik Yayınları A.Ş.
Şifa Hamamı Sok. No: 18/1 34400 Sultanahmet
Tel: 516 32 28

A Turizm Yayınları Ltd. Şti.
Şifa Hamamı Sok. No: 18 /2 34400 Sultanahmet
Tel: 516 24 97

ANKARA

Arkadaş-Adaş Basım Yayın Dağıtım
Mithatpaşa Cad. No: 28/A, Yenişehir
Tel: 434 46 24-27

AYDIN

Kuydaş Kitapevi
Kıbrıs Cad. No: 10/A, 09400 Kuşadası
Tel: 118 28

MUĞLA

Marmaris Kitapevi
Talat Paşa Sok. No: 24 A-B, Marmaris
Tel: 174 23

YAZIŞMA ADRESİ:
Mehmet Hengirmen, *Süleymanbey Sok. No 17/ 11 Maltepe / ANKARA*
Tel İş :434 29 90 Ev: 230 34 64 Fax: 433 81 90